Sammelsurium 2

Gebrochen, zerbrochen, geheilt.

Sammelsurium 2

Gebrochen, zerbrochen, geheilt.

von

Christoph Kaiser

Impressum

Jahr: 2021
2. Auflage
ISBN 978 940 362 1524

Illustrationen: Christoph Kaiser
Covergestaltung: Christoph Kaiser

Verlagsportal: Bookmundo.de
Gedruckt in Deutschland

Die Deutsche Nationalbibliothek verzeichnet diese Publikation in der Deutschen Nationalbibliografie.

Inhalt

Der sinkende *Stern der Frauen

Seit vielen Jahren fiel auf, dass Frauen zwar die Hälfte der Bevölkerung stellten, zumindest solange man die Realität anerkannte, dass es zwei echte Geschlechter gab, die für die Fortpflanzung biologisch notwendig waren und wenn man nicht permanent soziales Gender und biologisches Geschlecht verwechselte, wie es gerade modern war; dass aber andererseits immer dann, wenn wichtige Posten zu besetzen waren, die Welt plötzlich von deutlich mehr Männern, dem anderen biologisch notwendigen Geschlecht, bevölkert zu sein schien. Und zwar nahezu ausschließlich.

Aus irgendeinem Grund überlebte die Vorstellung, dass generell die Frauen viel geeigneter seien zum Kochen, außer, es wurde bezahlt und war ein Beruf. Dann verschwanden die Frauen weitestgehend auf wundersame Weise nach geheimen, vermutlich streng mathematischen, Gesetzen aus den Küchen der Restaurants: je nobler das Restaurant, desto absoluter das Frauenvakuum. (>=1)* = (<=0) F lautete die Formel, also je mehr Sterne das Restaurant in den Gourmetführern hatte, desto weniger Frauen hatte es in der Küche am Herd; beim Abwasch schon und im Service, aber nicht am Herd. Die Formel war zwar mathematisch wie auch in jeder anderen Hinsicht Quatsch, was auch mit viel Getöse immer wieder öffentlich bemerkt wurde; nur: Auswirkungen hatte diese Erkenntnis lange Zeit keine.

In einem fast filmreifen Schneckentempo erreichten an Universitäten Frauen so viele Lehrstühle wie Männer sie innehatten; im Bereich Erziehung gab es an manchen Ausbildungsstätten, die keine Grundschulen oder Vorschulen oder Kitas oder Kindergärten waren, zur Hälfte weibliche Kollegien; aber auch hier schienen Frauen und Geld nicht recht zusammen zu passen: Je niedriger die Bezahlung, desto höher der Frauenanteil. Mathematik scheint manches Mal merkwürdige Zusammenhänge zu offenbaren.

Aber die Zeit eilt weiter und wir mit ihr, und langsam änderte sich die Welt. Selbst Wirtschaftsunternehmen sollten irgendwann vom Gesetzgeber dazu gezwungen werden, Frauen in Vorstände aufzunehmen und an wichtigen Entscheidungen zu beteiligen.

An dieser Stelle trat eine zweite, eigentlich unabhängige, Entwicklung auf den Plan und rettete die männliche Vormachtstellung: Der Genderstern. Ich weiß es nicht genau, aber vermute fest, er wurde in einer männlichen Vorstandsetage erdacht. Zumindest wirkte er dort wie maßgeschneidert.

Eigentlich sollte der Genderstern Modernität vorgaukeln und die jahrtausendealte und trotzdem wahre Tatsache verschleiern, dass es nur zwei biologische Geschlechter gibt, männlich und weiblich; indem man bewusst die Grenze zwischen sozialem Gender und biologischem Geschlecht verwischte und damit das Menschsein an sich ganz neu interpretierte, sollte endlich die geistige Vorherrschaft der monotheistischen Religionen und überhaupt alles alte Denken ad absurdum geführt und damit überwunden werden. Immerhin sagte die Bibel ja, aus der Sicht der Modernisten falsch: Gott schuf den Menschen zu seinem Bilde, zum Bilde Gottes schuf er ihn, und er schuf sie als Mann und Frau.[1] Also musste eine neue Idee vom Menschen her. Und deren neuester Auswuchs war der Genderstern. Mit einer Sprechpause und einer rein weiblichen Endung sollten angeblich alle nun plötzlich erfundenen Geschlechter, also

---

[1] 1. Mose 1,27

eigentlich Spielarten des Gender, mitgemeint sein. In Wahrheit aber ließ er nur Realitäten verschwurbeln.

So auch in der Firma Gebrüder-Sanktjohann-Maschinenbau GmbH & Co. KG, einer fast zweihundert Jahre alten Institution im Maschinenbau in Berlin. Seit der Gründer Johann Walther Sanktjohann im 18. Jahrhundert aus dem Schwäbischen nach Berlin gekommen war und hier eine Schmiede begründet hatte, hatten immer Männer über die Geschicke der Firma und das Wohl und Wehe der Angestellten und Arbeiter bestimmt. Und die Männer waren der Meinung, das habe auch nie geschadet. Anfangs hatte man sich hier wie fast überall außerhalb der Universitäten und Theater über das Gestottere durch die erzwungene Sprechpause anstelle des * geärgert, aber irgendwann war aufgefallen, dass damit eine große Chance verbunden war. Eigentlich gab es die ersten Gesetze, nach denen in einem Vorstand eine bestimmte Frauenquote verpflichtend eingehalten werden musste; aber was, wenn man gar nicht mehr zwischen Männern und Frauen unterschied? Wenn man davon ausging, dass es gar keine Geschlechter mehr gab? Also wurde die Sprachregelung innerhalb der Firma grundsätzlich geändert und auf Teufel-komm-raus gegendert. Sogar einen Preis heimste die Firma dafür ein von der Gleichstellungsbeauftragten des Landes Berlin und denselben noch mal von der, natürlich ebenfalls weiblichen, Gleichstellungsbeauftragten des Bezirks Friedrichshain. Die Berichterstattung in den einschlägigen Medien war die beste unbezahlte Werbung, die die Firma je erhalten hatte. Und siehe da, zu den Preisverleihungen erschien tatsächlich immer die Gleichstellungsbeauftragte der Firma. Die Bilder sprachen für sich. Die Sache entwickelte sich prächtig. Hier wurden Veränderungen greifbar.

Wieder einmal tagte der Vorstand, um die Zukunft zu planen. Alles war so gelungen. Selbst das eigentlich sächliche Wort „Vorstandsmitglieder“ hatte man gegendert und scheinweiblich gemacht. Immerhin wusste man ja, wer die mit Glied sind, also mussten auch hier endlich die Frauen berücksichtigt werden. Die Vorstandsmitglieder*innen setzen sich also entspannt zusammen und berieten, dass sie auf dem seit Jahren erprobten und eingeschlagenen Weg erfolgreich fortschreiten wollten. Niemand sah irgendeinen Grund für weitere Veränderungen. Der Gleichberechtigung war ja völlig Genüge getan. Kein Wunder: Die Vorstandsmitglieder*innen Kleiber, Mirjos, Hofmann, Sachel, Kuhl und Bloom waren ja auch Georg Kleiber, Johann Mirjos, Sigmar Hofmann, Mirko Sachel, Kevin Kuhl und Rafael Bloom. Ihre Sekretär*innen waren die hübschesten Frauen ihrer Firma und machten den besten Kaffee. Alles war am geeigneten Platz, so wie es immer gewesen war. Guter Laune stand also nichts im Wege.

Herr Kleiber verdarb aber allen rasch die Laune, als er darauf aufmerksam machte, dass vielleicht doch auch einmal eine biologische oder genderige Frau in den Vorstand aufrücken sollte, wenn man sich schon so für die Gleichstellung engagierte. Natürlich, man hatte da Frau Heimannried-Buchholzersdorf, die als Junge geboren und erzogen worden war, dann aber ihren Körper ihrem empfundenen Geschlecht operativ hatte anpassen lassen und nun in einer lesbischen Beziehung, ihrer früheren heterosexuellen Ehe, lebte, als erprobte firmeninterne und medienerfahrene Gleichstellungsbeauftragte; aber würde das dem Gesetz und, noch schlimmer, einer Kontrolle standhalten? Würde das tatsächlich ausreichen können?

Die versammelten Vorstandsmitglieder*innen versanken in dumpfes Grübeln, und Schweigen erfüllte bleiern den Sitzungsraum. Nichtmännliche Frauen? Hier? Unvorstellbar.

Plötzlich aber veränderte sich der Gesichtsausdruck von Sigmar Hofmann. „Ja, warum eigentlich nicht?“, fragte er in die Runde und erklärte seinen Gedanken. Und nach einer sehr kurzen Beratung waren sich alle einig, dass das die Lösung war. Die Gesichter wirkten weitaus entspannter und nach nur einigen Minuten erscholl lautes Lachen. Der Plan schien geradezu genial zu sein, wenn er für solch ein erleichtertes Lachen sorgte. Alle verließen nach zwei Stunden den Sitzungsraum, um ihren weiblichen Sekretär*innen genaue Anweisungen zu geben, was nun zu tun sei. Wenige Monate und einigen Schriftverkehr mit dem Standesamt später war die Situation gerettet.

Alles lief wie am Schnürchen und alles konnte seinen gewohnten Gang weiter gehen. Sogar einen weiteren Preis für die Firma gab es, diesmal von der Gleichstellungsbeauftragten des Bundes. So viel Ersparnis bei der Werbung war fast schon ein Grund, keine Preise mehr haben zu wollen, um nicht Steuerabschreibungsmöglichkeiten für Werbungskosten zu riskieren.

Nach der Umbenennung der Herren, die das Geschlecht nicht mehr am Vornamen kenntlich machte, in Schorche Kleiber, Joni Mirjos, Zigmas Hofmann, Mirke Sachel, Kevas Kuhn und Rofe Bloom trafen sich die Vorstandvorsitzend*innen, die in exakt dieser Zusammensetzung des Gremiums schon im letzten Jahr an der Sitzung teilgenommen hatten, und beschlossen, den so erfolgreich eingeschlagenen Weg der Frauenbeteiligung und Gleichstellungsförderung weiterhin fortzuschreiten. Die Tür öffnete sich und herein kamen die bewährten Sekretär*innen, dieselben Damen wie im letzten Jahr und allen Jahren davor. In den Tassen dampfte heiß der Kaffee.

Meine Macht, deine Macht

Eigentlich fühlte Judith Hölze sich sehr wohl an ihrer Schule. Bisher. Eigentlich. Gestern war irgendetwas noch anders gewesen. Die Stimmung, die Atmosphäre hatte sich geändert. Und nicht zum Guten, nein, absolut nicht zum Guten.

Judith war eine noch junge, aber schon durchaus erfahrene Lehrerin für Sport, Deutsch und Englisch von 31 Jahren, die sich ihrer Wirkung gerade auf die männlichen Schüler durchaus bewusst war. Als Sportlerin, die ihre große Liebe Sport auch beruflich an Jüngere weitergeben durfte, hatte sie ihr exaktes Lebenselixier gefunden. Das sah man ihr an. Sie wirkte wie eine Frau Mitte zwanzig, war weit fitter als die meisten der mit ihr ächzenden Jungspunde, die sie fast alle locker abhängte und genoss den Ruhm, den ihr das ihrer Meinung nach einbrachte. Dazu lange kastanienbraune Haare ohne jeden Spliss, dunkelgrüne Augen und eine Figur wie ein Fotomodel. Sie fühlte sich wohl und war unbekümmert dabei, mit der Welt zu schäkern was das Zeug hielt. Sie meinte es ja nicht böse. Sie wusste nur, welche Vorzüge sie hatte.

Sie hatte Vorlieben, die alle eigentlich völlig in Ordnung waren. Eigentlich. Juristisch. Im Allgemeinen. Aber nicht immer klug.

Sie war einfach Single aus Überzeugung und genoss das Leben in vollen Zügen. Sie ging einfach gerne aus, traf sich mit attraktiven Männern auch im Cafe an der Schule, ging einfach in die örtliche Sauna, in die natürlich auch Schüler gingen, da es die einzige Sauna in der Kleinstadt war, und genoss es sogar, dort von den jungen Männern beobachtet zu werden. Und eines Tages genoss sie es auch, am FKK-Strand des örtlichen Waldsees von zwei Schülern fotografiert zu werden.

Die beiden hatten sich in einem Busch versteckt, und Judith hatte sich lächelnd vorgenommen, es scheinbar nicht zu bemerken. Und plötzlich kam da ein Freund an den Strand, ein guter Freund, ein durchaus intimer Freund in jeder Hinsicht. Und wer ihnen zusah, der musste es bemerken. So wie sie sich da am Strand küssten und berührten, das mochte nach ihrem privaten Gefühl in Ordnung sein, aber es öffentlich vor den Kameras der Handys zweier Schüler, die beide von ihr in Sport eine Vier minus bekommen hatten, zu tun, das war einfach nicht klug.

Das spürte sie heute, aber es war zu spät. Es hatte sich etwas verschoben, zu ihren Ungunsten. Das spürte sie deutlich. Was sie aber nicht spürte war, dass sich da nichts verschoben hatte; nein, alles war ins Rutschen gekommen, eine Lawine raste auf sie zu und sie konnte nichts dagegen tun. Egal wohin sie ging, in den Flur, in einen Klassenraum, ins Lehrerzimmer: Immer war da schon etwas vor ihr angekommen. Lauerte auf sie. Und das Unheimliche war: Sie war ganz alleine damit. Niemand erbarmte sich ihrer und sprach mit ihr. Niemand zeigte ihr die beiden Bilder, die wohl alle an der Schule und im halben Ort längst auf ihren Handys hatten. Auf den Handys, in ihren Köpfen und in ihren Blicken. Alle wussten Bescheid. Nur Judith nicht.

Nur eines fiel ihr überdeutlich auf: Die Schüler, die sie mit schlechten Noten hatte unter Druck setzen, ihre Macht hatte fühlen lassen können, die waren heute anders. Ganz anders. Ganz gefährlich anders. Ihre Blicke waren jetzt von oben herab, ihr Grinsen überheblich und frech, ihre Augen sprühten vor Überlegenheit. Sie waren jetzt die Mächtigen, aber Judith verstand nicht, wieso auf einmal. Als hätte man sie in dicke Watte eingewickelt, so wankte sie über den Flur, bis eine erlösende Durchsage zu ihr durchdrang: Sie solle bitte zum Schulleiter kommen.

Einige Stunden später kam sie endlich nach Hause. Sie war zwar sofort nach dem Gespräch mit dem Schulleiter erst einmal freigestellt worden, aber sie hatte nicht anders gekonnt, als erst noch einmal zum See zu fahren. Hier hatte sie an der Stelle gestanden, an der gestern das Unglück passiert war.

Das Unglück?

Welches Unglück?

Was hatte sie denn Schlimmes getan?

Es war vorbei. Ihr Leben war zerstört. Wie sollte sie jemals wieder unbefangen mit jungen Menschen arbeiten können? Mit jungen Menschen mit Handys? Die Bilder verbreiteten, die scheinbar alles erzählten. Aber dennoch falsch waren ohne die ganze erzählte Geschichte.

Die Handybilder erzählten eine Geschichte und zerstörten ein Leben. Die Bilder waren echt; die Geschichte, die sie erzählten, war falsch. Und den Jugendlichen war das egal. Sie wussten noch nicht, wie lange ein zerstörtes Leben dauern kann. Für sie waren ja schon 16 Jahre eine ganze Ewigkeit. Dass ihre Lehrerin mit ihren 31 Jahren noch sehr lange mit dieser Lüge würde leben müssen, das war nicht von Belang; jetzt machte es ja Spaß, jetzt war man der Hero auf Insta, jetzt wurde man gefeiert. Für eine Woche. Das Leid würde Jahrzehnte dauern, aber die Schüler waren gefeiert worden. Das war es wert. In ihren Augen. In ihren jungen Augen. In ihren jungen, dummen Augen.

Ein Bild sagt mehr als tausend Worte? Nein, das stimmt nicht, Judith wusste das jetzt. Ein Bild kann aber tausend Worte sagen, wahre und falsche, und ein Bild kann lügen wie tausend Worte. Ein Bild kann so machtvoll sein! Wie jede andere Lüge auch.

Im langen Flur

Warm der Tag im Hof, warm umschmeichelnd die Sonne, die Luft, jeder Windhauch auf der Haut; die Hängematte jetzt im Sommer der ideale Ort zum Sein. Zum einfach nur sein. Und zum wegdösen, einschlafen, genießen, sorgenfrei sein. Und im Schlaf ein Traum.

Ein Haus auf einem Hügel, ein großes Haus, wie in einem amerikanischen Film. Bretterwände; eine Tür, die sich öffnet; dahinter Dunkel. Und der unbezwingbare Wunsch, hinein zu gehen. In einem Flur stehen, einem endlos langen Flur; viel länger, als das Haus sein kann, in dem er geträumt wird. Und plötzlich nicht mehr der Träumer sein; plötzlich einen anderen dort sehen, einen, der alleine dort im Flur ist. Einen und viele andere.

Nathan ging durch einen langen Flur: Der war wie verrückt gebaut, immer nur Ecken, eine an der anderen; wie ein Fernrohr ineinandergesteckt wird, so war auch dieser Flur. Je weiter man ging, desto weiter standen die Wände auseinander, denn keine einzige Ecke sprang vor; nein, sie alle sprangen zurück. Nathan war 21, groß, drahtig, dunkelgelockt und hatte Kontaktlinsen, da er alles vermied, was ihn nicht so erscheinen ließ, wie er sich selbst sah: Perfekt. Jung war er, gesund und stolz darauf, den Flur mit schnellem Schritt zu durchmessen, ja, rennen zu können. Von seinen Eltern, einer Bankerin und einem selbstständigen Bootsbauer, hatte er gelernt, sich durchzubeißen; Ziele sich nicht nur zu setzen, sondern sie auch zu erreichen. Am Ende des Flures sah er einen großen Stapel Geld, auch auf dem Weg immer wieder einige größere Scheine, die er einsammelte und mit sich trug. Er hatte immer davon geträumt, reich zu sein, und siehe da: Dieser Flur erfüllte ihm diesen Wunsch. Und je mehr er sich anstrengte, desto näher kam er dem ganz großen Geld, das am Ende des Flures auf ihn wartete. Und wirklich, das Geld wich nicht zurück wie sonst im Traum; es blieb da, wo er es sehen konnte und er kam immer näher heran. Er genoss dabei das Tempo, seine Kraft, seine Leichtigkeit. Je länger der Flur dauerte, desto langsamer wurde Nathan zwar, aber er war noch immer gut zu Fuß. Die Wände waren inzwischen so weit zurückgewichen, dass Nathan Probleme gehabt hätte, eine davon zu erreichen. Da blieb er stehen, um sich zu verschnaufen. Jetzt, hier, am Ende des Flures, einen Schritt entfernt von dem Geld, auf dessen ersten Scheinen er schon stand, drehte Nathan sich um und schaute zurück. Und plötzlich sah er nicht mehr auf einen Flur, sondern auf eine endlose Reihe angelehnter Türen, die er alle hätte öffnen können, jede einzelne. Er hätte nur stehenbleiben und sich umsehen müssen. Nathan war fassungslos. Er wollte gerne den Flur zurückgehen, denn er hätte zu gerne gewusst, was sich hinter den zahllosen Türen verbarg, aber er konnte es nicht. Mit jedem Schritt, den er zurück zu machen versuchte, stieß er immer stärker gegen einen unsichtbaren Widerstand. Er konnte nicht einen einzigen Millimeter zurück gehen. Nathan kämpfte und kämpfte, verbissen wollte er es erzwingen, doch er spürte, er war nicht mehr der junge Mann, als der er herein gekommen war. Er sah verzweifelt zurück den Flur entlang und musterte eine jede Tür, eine nach der anderen. Aus der einen drang Musik, aus einer drang ein herrlicher Duft, aus einer drang Kinderlachen. Hinter zweien oder dreien sah er verschwommen Parks oder Läden, in denen eine junge Frau stand, die ihm hätte gefallen können. Hinter einer der Türen schien ein Feuer zu brennen, eine verströmte die Kälte des Todes, eine barg offensichtlich bodenlose Furcht und aus einer klang Schreien und das Geräusch fallender Bomben. Und eine jede hätte er öffnen und durchschreiten können. Nathan wurde es fast schwarz vor Augen; er schwankte und wollte sich festhalten, aber sein Griff ging ins Leere und er stürzte. Auf dem Boden liegend sah er seine Hand und siehe da: Es war die Hand eines alten Mannes. Nathan sah an sich herunter, griff sich ins Gesicht, erfühlte seine Falten und die Brille, die er nicht getragen hatte, als er den Flur betreten hatte. Und seine Finger griffen in die Geldbündel, die an der Wand hinter ihm gestapelt waren. Er war am Ziel. Und er verstand: Der Flur, dieser eine Flur, war sein Leben gewesen. Er hätte hinter jede einzelne der unzähligen Türen sehen, durch jede hindurchgehen können, aber er hatte es nicht getan. Er war immer zielstrebig gewesen, jedes Stehenbleiben, jedes Abweichen, jedes Rechts und Links waren ihm als Zeitverschwendung erschienen; er wollte ja das Geld erreichen. Nur eine Tür war ihm zur Linken noch geblieben und eine zur Rechten. Und diese Türen, da konnte er so gut hinsehen und horchen wie er wollte, diese Türen verrieten nicht, was hinter ihnen wartete. Beide hüteten ihr Geheimnis. Es war seine Wahl, und er musste nehmen, was kommen würde. Und so blieb er sitzen, wo er war. Bei dem Geld, das er sein Leben lang als Ziel gesehen und nun erreicht hatte. So blieb ihm jetzt, als altem Mann, nichts mehr als sich vorzustellen, was hinter den Türen auf ihn gewartet hätte. Es wäre möglicherweise der Reichtum seines Lebens gewesen, die Abwechslung; vielleicht aber auch falsche Entscheidungen, Leiden und Schmerz. Er würde es nie erfahren. Nathan lehnte sich zurück an die Wand mit den Geldbündeln. Sein Blick wanderte noch einmal den Flur entlang, dessen Türen jetzt alle deutlich offenstanden. Er konnte sehen, was er hätte tun können und was ihm hätte widerfahren können. Welche Leben er nicht gelebt hatte oder nicht hatte erleben müssen. Und als Nathans Blick brach, schlossen sich alle Türen still und mit einem Male, als wären sie nie offen gewesen. Ein leerer Flur blieb zurück, ohne Geldbündel, ohne Nathan. Und langsam öffnete sich die Tür in der Front des Hauses auf dem Hügel. Ein Schatten verdunkelte die Tür. Eine junge Frau trat in den Flur.

Corinna sah verwundert in das dunkle Haus, das sich vor ihr öffnete. Ein langer Flur erschien, als die Tür nach innen zur Seite schwang, ein lichtdurchfluteter Flur voller Pflanzen und einem unbestimmbaren Etwas in der Luft. Es musste herrlich sein, hier einzutreten und hindurch zu schlendern.

Denn sie hatte es nicht eilig. Sie hatte ihr spießiges Elternhaus verlassen, um als eine Art moderne Hippie herumzuziehen und das Leben in vollen Zügen zu genießen. Ihre Eltern hatten sich in einem winzigen Nest in Illinois den örtlichen Laden aufgebaut; unendliche Stunden Arbeit hatten sie in diesen Laden investiert, ihre sieben Kinder waren mehr in diesem Laden als auf der Straße aufgewachsen; und endlich, als endlich alles rund lief und der Laden richtig Geld abwarf, da erlitt die Mutter einen Schlaganfall und der Vater musste sich um die Pflege kümmern, aber er wurde ja im Laden gebraucht. An fremde Pflegekräfte war da nicht zu denken, die jüngste Tochter musste ran, Corinna. Am Tag des Schlaganfalls ihrer Mutter endete ihr junges Leben. Jede Sekunde ihres Tagesablaufs war penibel geregelt; alles war vorherbestimmt, jede einzelne Sekunde, deren sechzig sich zu einer endlosen Minute dehnten, die irgendwann zu einem endlosen Tag geronnen. Minuten aus einem Nachttopf, der ausgeleert werden musste, Sabber, der vom Mundwinkel abgewischt werden musste, kochen für immer noch vier Personen, als die ältesten Geschwister ausgezogen waren, füttern und den Nachttopf ausleeren. Schlaf blieb für Corinna selbst kaum übrig, denn die Mutter konnte nicht mehr läuten. Sie musste immer im Auge behalten werden. Corinnas Kinderzimmer war das Krankenzimmer der Mutter geworden und roch nach Krankheit und Alter. Da war Corinna 15 gewesen.

So oft, oder besser, so selten sie noch aus dem Haus kam, versicherten die Älteren sie ihrer Hochachtung, und wie wunderbar sie das alle fanden, wie sie sich für ihre Mutter aufopferte. Und ihre Klassenkameraden und Altersgenossen verachteten sie offen. Es war ihre einzige Jugend, die sie da im Krankenzimmer einer anderen verbrachte. Corinna blieb nichts, als sich ein Leben zu erträumen, wie sie es sich erwünschte. Sie hatte ja so unendlich viel Zeit zum Träumen. So unendlich lange Sekunden, die zu Minuten und Tagen und Wochen und Monaten und Jahren geronnen. Ihre Jugend gerann und zerrann schneller, als sie es für möglich gehalten hatte. Und einen Tag nach ihrem, Corinnas, 24. Geburtstag starb ihre Mutter. Da waren die Sekunden der Jugend vorbei, wie eingewoben in die schmutzigen Flecken aus Kot, Urin und Erbrochenem im Teppich im Zimmer der Mutter, das einmal Corinnas Zimmer gewesen war. Und noch vor der Beerdigung der Mutter hatte Corinna die Grenze von Illinois hinter sich gelassen. Ohne einen einzigen Blick zurück.

Corinna hatte hier, außerhalb Illinois', absolut nichts übrig für jede Art von Ordnung, Zeitdruck, Festlegungen, Management oder Reglement; sie wollte Blumen und Schmetterlinge sehen, den Duft von Wäldern riechen, fremde Körper spüren und so die Menschen in den Körpern zu Freunden statt Fremden machen. Als sie das merkwürdige alte Haus auf dem Hügel gesehen hatte, hier an der endlosen Straße, da hatte sie gedacht, wer hier wohnte, der müsste von ihrer Denkart sein. Deshalb hatte sie es gewagt, das halb zerfallene Gartentor aufzustoßen und den Hügel hinauf zu gehen; nicht zu schnell, ohne Hast, sich alles genau ansehend, jede Farbe, jeden Duft, jeden Sonnenstrahl dieses gleißenden Sommermittags in sich aufnehmend. Leise hatte sie immer wieder gerufen, ob da jemand sei, und dass sie nichts Böses wolle, nur kurz Guten Tag sagen. Dann, auf der Veranda vor der Tür, hatte sie sich umgesehen und bemerkt, dass auf diesem Boden schon seit Ewigkeiten kein Mensch mehr gegangen sein konnte. Selbst zur Tür störte keine Spur eines Schrittes die lockere Ordnung des Staubes und der Blätter, die hier schon seit dem letzten Herbst zu liegen schienen. Das Haus stand offensichtlich leer, doch die Tür stand offen. Deshalb rief sie noch einmal, lauter diesmal, ob denn tatsächlich niemand da sei, und trat dann ein.

Sie blieb erstaunt stehen. Vor ihr öffnete sich eine Art langer Flur, gewunden wie eine Schlange, der sich in der Ferne zu verlieren schien. Die Decke konnte sie nicht genau erkennen, etwas wie ein Nebel schien sie einzuhüllen; aber aus dem Nebel drang sanftes beruhigendes Licht, das den Flur angenehm beleuchtete; ein wunderbarer Kontrast zu der Helligkeit draußen, die die Augen schmerzen ließ.

Zur Rechten und zur Linken öffneten sich Türen, die in die Zimmer neben dem Flur zu führen schienen. Von irgendwoher erklang Vogelgezwitscher, ein Bach schien sanft in seinem Bett zu laufen und eine angenehme Kühle wie in einem sommerlichen Wald erfüllte den Flur. Selbst das Licht schien die Farbe des Sommers zu haben, wenn klares Sonnenlicht durch die Blätter eines Buchenwaldes strömt und selbst zu gläsernem Grün wird. Corinna fühlte mit einem Male, dass sie hierher gehörte. Hier war ihre Heimat, hier würde sie glücklich sein können. Sie schlenderte zur ersten Tür, rechts von ihr, und öffnete sie. Sie ging hindurch, lächelte, und schloss sie hinter sich. Sie begann ihre lange Reise. Und leise schloss sich die Haustür des Hauses auf dem Hügel.

Jayden zögerte, die dunkle Tür, die Reste von abgeplatzter Farbe zeigte, aufzustoßen. Was wollte er hier? Was tat er vor diesem Haus? Dem Haus an der endlosen Straße, der Route 66, mit der aufgemalten Hausnummer 66. Konnte das eine Hausnummer sein? Hier, in der Ödnis? Wenn hier die 66 war, wo war dann die 1? Jayden fühlte in sich die Leere, die das Haus umgab.

Mit seinen 52 Jahren war er wieder ganz am Anfang, an einem sehr, sehr tiefen Anfang. Eigentlich war er auf der Flucht vor seiner Vergangenheit und hatte dabei dieses Haus gefunden; ein Haus auf einem Berg, allein stehend, nur für sich alleine. Er hatte gerade seine Frau und seine beiden Kinder bei einem furchtbaren Brand verloren; einem Brand in einem Hochhaus, mitten in Seattle, einem modernen Wohnblock. Innerhalb von Sekunden war das Treppenhaus zur Rauchhölle geworden, die Aufzüge unbenutzbar, jeder Fluchtweg abgeschnitten. Sie waren ans Fenster geflüchtet und hatten hinaus gewunken, und hatten das Unheil doch nicht kommen sehen. Die Fassade hatte Feuer gefangen, die Dämmung war zur Todesfalle geworden. Eigentlich hatte nicht ihre Wohnung gebrannt, sondern die darunter; aber von der Hitze der brennenden Fassadendämmung waren die Fenster zum Kinderzimmer geborsten und hatten Evelyn und den beiden Jungs, Tom und Jake, das Feuer ins Gesicht getrieben. Er hatte hilflos vor dem Haus gestanden und zugesehen, wie die Haare Evelyns in Flammen standen, als sie versuchte, die Jungen zu bergen. Er hatte nichts tun können. Die Wohnung war im 19. Stock, zu hoch für alle Rettungsversuche von außen. Das Haus war ein Kamin geworden. Jayden war mit ihnen gestorben. Evelyn war 38 gewesen, Tom 15 und Jake 13. Und jetzt stand er, Witwer und Vater zweier toter Kinder, hier und suchte nach einem neuen Anfang, einem Rest Lebens in sich, für sich. Hinter dieser Tür.

38, 15, 13: 66. Zusammen 66. Und das Haus auf dem Hügel hatte die Nummer 66. Er wusste nicht, ob ihm das Trost gab oder ihn abstieß. Aber er war hier und zögerte. Zögerte und schämte sich dafür. Er, ein Ex-Marine und Bootsbauer, ein Handwerker, hatte Angst vor einem leeren Haus. Ein Ruck ging durch seinen kräftigen Körper, seine Hand drückte entschlossen die Tür auf und er trat ohne einen weiteren Gedanken in das Haus. Hinter ihm schloss sich die Tür.

Jaydens Augen gewöhnten sich langsam an die Dunkelheit. Er sah sich um. Und noch einmal. Ihn umgab ein gewaltiger Saal, die Decke schien sich im nachtschwarzen Dunkel zu verlieren, die umlaufenden Wände waren nicht auszumachen. Nur ein einziger Gegenstand befand sich in der endlosen Weite: Eine Leiter, die durch eine Art Luke in etwas Helles hinaufführte. Jayden zögerte, sah sich um. Aber hier war nichts anderes. Prüfend sah er nach oben, aber er konnte nichts erkennen, außer einer sanften und beruhigenden Helle.

Jaydens Hand griff nach der Sprosse in Höhe seines Gesichtes, und er zwang sich dazu, die Leiter emporzusteigen. Mit jedem Schritt nach oben wurde er mehr Teil der Helle, die ihn erwartete. Er spürte keine Angst. Mit jeder neuen Sprosse wurde er stattdessen neugieriger. Endlich erreichte er das, was irgendwie über dem Raum war, in dem er das Haus betreten hatte.

Vor Jayden breitete sich eine Wiese aus, eine wunderbare weite Landschaft voller Blumen, Bäume; ein Fluss schlängelte sich hindurch unter einem blauen Himmel mit weißen Wolken. Und doch wirkte es alles unwirklich, als sei es viel zu schön und ideal um wahr zu sein. Jayden machte einen Schritt hinein, um sich umzusehen. Und hinter ihm schloss sich der Boden, die Leiter verschwand und er stand dort, wo er eigentlich immer hatte sein wollen. Auf einer Farm in Texas, auf seiner Farm, seinem Land. Einige Tage streifte er umher. Es war herrlich, nur eines fehlte: Er war der einzige Mensch. Er hatte alles, was er sich erträumt hatte.

Mit einem Mal stand er wieder vor einer Leiter, die diesmal nach unten führte, in den Boden. Von dort unten roch es nach Kaffee und Erdnussbutterbroten. Nach gebratenem Speck und Ei, nach Evelyns einmaligem Obstsalat. Und er hörte Stimmen. Evelyn sprach mit Tom, und Jake wollte dazwischenfunken. Jayden fasste es nicht, ihm stiegen die Tränen in die Augen. Er schaute nach unten in den Raum und sah das geliebte Haar seiner Frau; das Haar, das er zuletzt in Flammen stehend gesehen hatte. Evelyn und die Jungs gingen nach nebenan in den Flur, und Jayden stieg unbemerkt die Leiter hinab, die hinter ihm mitten im Raum stehen blieb. Jayden wunderte sich nicht darüber, er hatte nur Augen für seine Evelyn, die gerade mit den Jungs wieder hereinkam. Ihre langen dunkelblonden Haare, die so wunderbar zu den meergrünen Augen passten, wehten ein wenig, so schnell stürmte sie mit Tom an der Hand herein. Fast hätte sie Jayden umgerannt. Jake sah den Vater, jubelte laut auf und warf sich ihm an die Brust, die er fest umschlang. „Nanu, ich hab dich gar nicht reinkommen sehen?“ wunderte sich Evelyn, gab Jayden einen Kuss auf die Wange und ging an den Kühlschrank, um einen Eisbeutel heraus zu holen. Sie drückte ihn Tom auf das Auge und sah Jake streng an: „Das nächste Mal passt ihr beiden auf, wogegen ihr rennt, verstanden?“ Jayden fiel auf, dass sie zweimal durch die Leiter gelaufen war, ohne sie im geringsten zu bemerken. „Na, du musst auch aufpassen, sonst rennst du noch die Leiter um!“, grinste er seine wunderschöne Frau an. Hätte er sie nicht schon geliebt, in diesem Moment wäre es um ihn geschehen gewesen, als Evelyn ihn ansah wie einen Verrückten und laut auflachte.

Evelyn sah sich um. „Welche Leiter?“, fragte sie lachend. Jaydens Blick fiel auf den Wandkalender und die Uhr. Es waren Tag und Stunde des Brandes. Er wusste, das Treppenhaus musste jetzt schon eine Todesfalle sein. Er roch sanft den ersten Anflug des Geruchs von Rauch, er begriff, gleich, jeden Moment, würde die Fassade Feuer fangen. Und Evelyn sah die rettende Leiter nicht. Evelyn nicht, und keiner der Jungs. Jayden sah den Weg in die Rettung, er umfasste die Leiter mit seiner Linken. Und in den immer stärker werdenden Rauch schloss er die Augen, lehnte den Kopf an die Leiter, er spannte den Körper an und...

In diesem Moment schlägt die Kirchturmuhr, weckt mich. Ich erfahre nicht, was Jayden getan hat. Ich weiß es nicht. Welche Entscheidung wäre die richtige gewesen? Wie hätte ich mich entschieden? Welchen Rat würde ich jungen Menschen geben? Wie hättest du, wie hätten Sie sich entschieden? Gibt es das Richtige und das Falsche?

Was wäre das Richtige gewesen? Für mich?

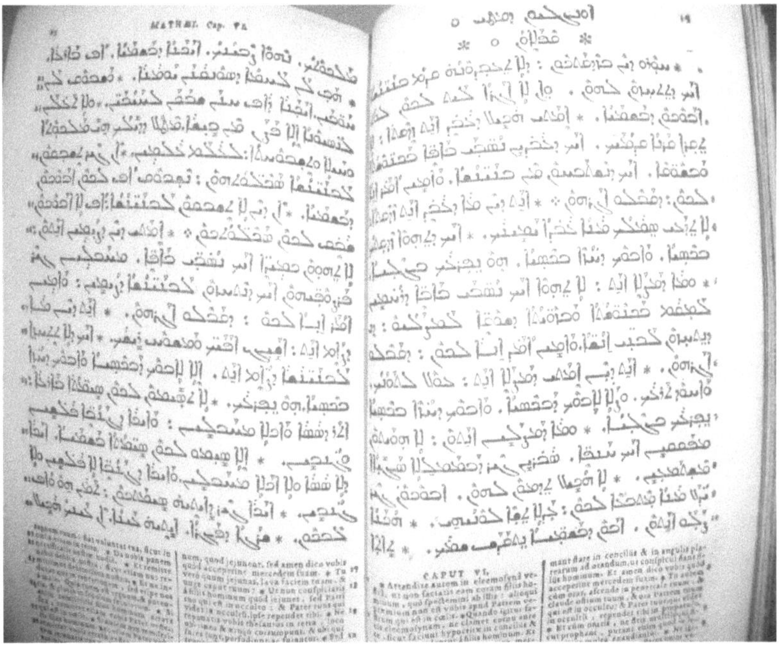

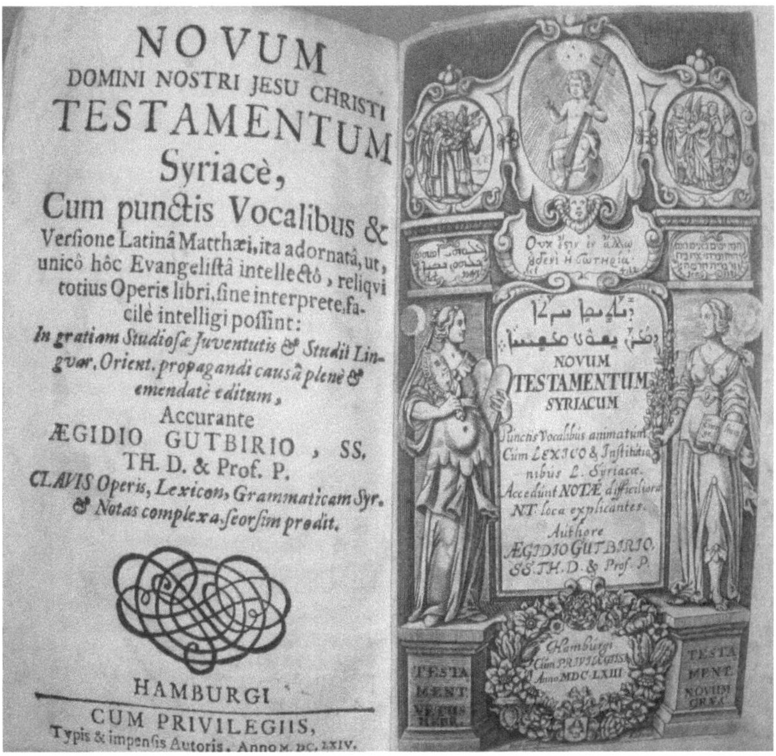
NOVUM
DOMINI NOSTRI JESU CHRISTI
TESTAMENTUM
Syriacè,
Cum punctis Vocalibus & Versione Latinâ Matthæi, ita adornatâ, ut, unicô hôc Evangelistâ intellectô, reliqui totius Operis libri, sine interprete, facilè intelligi possint:
In gratiam Studiosæ Juventutis & Studii Lingvar. Orient. propagandi causâ plenè & emendatè editum,
Accurante
ÆGIDIO GUTBIRIO, SS. TH. D. & Prof. P.
CLAVIS Operis, Lexicon, Grammaticam Syr. & Notas complexa, seorsim prodit.
HAMBURGI
CUM PRIVILEGIIS,
Typis & impensis Autoris. Anno M. DC. LXIV.

Und führe uns nicht in Versuchung

ܐܬܘܪܝܐ

ܐܒܘܢ ܕܒܫܡܝܐ ܢܬܩܕܫ ܫܡܟ

ܬܐܬܐ ܡܠܟܘܬܟ ܢܗܘܐ ܨܒܝܢܟ

ܐܝܟܢܐ ܕܒܫܡܝܐ ܐܦ ܒܐܪܥܐ

ܗܒ ܠܢ ܠܚܡܐ ܕܣܘܢܩܢܢ ܝܘܡܢܐ

ܘܫܒܘܩ ܠܢ ܚܘܒܝܢ ܘܚܛܗܝܢ

ܐܝܟܢܐ ܕܐܦ ܚܢܢ ܫܒܩܢ ܠܚܝܒܝܢ

ܠܐ ܬܥܠܢ ܠܢܣܝܘܢܐ

ܐܠܐ ܦܨܐ ܠܢ ܡܢ ܒܝܫܐ

ܡܛܠ ܕܕܝܠܟ ܗܝ ܡܠܟܘܬܐ

ܘܚܝܠܐ ܘܬܫܒܘܚܬܐ ܠܥܠܡ ܥܠܡܝܢ.

.[2]

---

[2] Das Vaterunser auf Aramäisch: Abun d-bashmayo – Vater unser im Himmel
nithqadash shmokh – geheiligt werde Dein Name .
tithe malkuthokh – Dein Reich komme.
nehwe sebyonokh – Dein Wille geschehe
aykano d-bashmayo oph bar`o – wie im Himmel, so auf Erden.
hab lan lahmo d-sunqonan yowmono – Unser tägliches Brot gib uns heute
washbuq lan hawbayn wahtohayn – und vergib uns unsere Schuld,
aykano doph hnan shbaqan l-hayobayn – wie auch wir vergeben unseren Schuldigern.
lo ta`lan l-nesyuno – Und führe uns nicht in Versuchung,
elo paso lan men bisho – sondern erlöse uns von dem Bösen.

metul d-dylokh hi malkutho – Denn Dein ist das Reich
whaylo wteshbuhto – und die Kraft und die Herrlichkeit
l`olam `olmin – in Ewigkeit.

Ein herrlicher Baum erhob sich inmitten des Gartens. Größer war er als alle anderen, sein Laub glänzender und grüner, sein Stamm von wunderbarem Wuchs und seine Früchte verführerischer als alles andere, das Gott der Herr hatte wachsen lassen im Garten Eden.

Und es war kein Zaun um den Baum, und keine Nebelwand und nichts, das den Blick verstellt hätte auf den Baum und die herrliche Frucht, die daran wuchs und gut anzusehen war.

Warum hatte Gott den Baum der Erkenntnis hier wachsen lassen? Der Baum war eine einzige Versuchung; nur allzu leicht fiel es der Schlange, den Blick von Frau und Mann auf diese Frucht zu lenken. Adam widersprach zwar der Eva; aber hätte die Schlange es so leicht gehabt mit den beiden, wenn nicht Gott sie jeden Tag die verbotene Frucht hätte sehen lassen? Mussten sie sich nicht wünschen, doch schmecken zu dürfen, was da verboten und damit reizvoll vor ihren Augen hing? Wenn Gott nicht in Versuchung führt, dann hätte er den Baum außerhalb Edens erschaffen. Wenn Gott nicht in Versuchung führen würde, lebten wir noch im Garten Eden. Nur in der Versuchung ist freier Wille, eine Entscheidung für das Richtige, möglich. Es ist dir gesagt, Mensch, was gut ist. Gott führt in Versuchung, um uns eine Hand darzureichen. Wer aber die Hand Gottes dann nicht sehen will und flucht, statt zu hoffen, der öffnet selbst dem Versucher die Tür. Gott gewährt Versuchung als Zeit der Probe, aber er gewährt auch die Rettung aus der Versuchung.

Πάτερ ἡμῶν ὁ ἐν τοῖς οὐρανοῖς·
Ἁγιασθήτω τὸ ὄνομά σου·
ἐλθέτω ἡ βασιλεία σου·
γενηθήτω τὸ θέλημά σου,
ὡς ἐν οὐρανῷ καὶ ἐπὶ γῆς·
Τὸν ἄρτον ἡμῶν τὸν ἐπιούσιον δὸς ἡμῖν σήμερον·
καὶ ἄφες ἡμῖν τὰ ὀφειλήματα ἡμῶν,
ὡς καὶ ἡμεῖς ἀφήκαμεν τοῖς ὀφειλέταις ἡμῶν·

καὶ μὴ εἰσενέγκῃς ἡμᾶς εἰς πειρασμόν,
ἀλλὰ ῥῦσαι ἡμᾶς ἀπὸ τοῦ πονηροῦ.

(Ὅτι σοῦ ἐστίν ἡ βασιλεία καί ἡ δύναμις καί ἡ δόξα εἰς τούς αἰῶνας.)

Ἀμήν. [3]

Gott verlangt von Abraham, ihm den Isaak zu opfern und rettet das Kind erst in letzter Minute, als das Kind schon das Messer an der Kehle spürt und trotzdem liegen bleibt. Aber im Rücken Abrahams, da ist schon der Widder im Gebüsch bereit. Abraham muss aber den Ruf hören und sich umdrehen. Hätte der Vater vieler Völker in der Versuchung nicht immer noch ein Ohr offen gehabt für den Ruf Gottes, dann wäre Isaak wie für einen heidnischen Götzen geopfert worden, und das wäre Heidentum gewesen, abgrundtief falsch, nicht der Wille des einen lebendigen Gottes. Gott führt in Versuchung, wie die Heilige Schrift immer wieder zeigt, denn Gott ist der HERR der Herren, nicht der liebe alte Mann, der ein bisschen dumm ist. Psalm 66,10: „Denn, Gott, du hast uns versucht und geläutert wie das Silber geläutert wird." Sacharja 13, 8 – 9: „Und soll geschehen im ganzen Lande, spricht der HERR, dass zwei Teile darin sollen ausgerottet werden und untergehen, und der dritte Teil soll darin übrigbleiben. Und ich will den dritten Teil durchs Feuer führen und läutern, wie man Silber läutert, und prüfen, wie man Gold prüft. Die werden dann meinen Namen anrufen, und ich will sie erhören. Ich will sagen: Es ist mein Volk; und sie werden sagen HERR, mein Gott!" Aber man soll es nicht

---

[3] Das Vaterunser auf Griechisch: Páter himón ho en tíjs uraníjs, hagiasthíto to onomá su, elthéto hi vasilíja su, genithíto to thelimá su, hos en uranó ké epí jís. Tón árton himón tón epiússion dós himín símeron. ké áfes himín tá ofilíjmata himón,
hos ké himíjs afíkamen tíjs ofilétes himón, ké mí ijsenéngis himas ijs pirasmón,
allá ríse himás apó tú ponirú.
Hoti sú estín hi vasilía ké hi dínamis ké hi doxa ijs tús ejónas.
Amín.

herausfordern wie der Beter in Psalm 26,1 – 3, der fordert: „Ein Psalm Davids. HERR, schaffe mir Recht; denn ich bin unschuldig! Ich hoffe auf den HERRN; darum werde ich nicht fallen. Prüfe mich, HERR, und versuche mich; läutere meine Nieren und mein Herz. Denn deine Güte ist vor meinen Augen, und ich wandle in deiner Wahrheit." Und Gott der HERR geht noch weiter: Indem er sich selbst als Mensch in Versuchung führt, im Garten Getsemane zu beten, der Kelch möge an ihm vorüber gehen, macht er aus der Versuchung Teil der Erlösung. „Denn er nimmt sich ja nicht der Engel an, sondern des Samens Abrahams nimmt er sich an. Daher musste er in allen Dingen seinen Brüdern gleich werden, auf dass er barmherzig würde und ein treuer Hoherpriester vor Gott, zu versöhnen die Sünden des Volks. Denn worin er gelitten hat und versucht ist, kann er helfen denen, die versucht werden. " (Hebr 2,16 - 18) Und: „Wir haben ja nicht einen Hohenpriester, der nicht mitfühlen könnte mit unserer Schwäche, sondern einen, der in allem wie wir in Versuchung geführt worden ist, aber nicht gesündigt hat." (Hebr 4,15)

Gibt es denn dann überhaupt einen Unterschied zwischen Gott und dem Versucher? Ja, den gibt es, und er ist unendlich wichtig. Denn Gott *führt* uns in die Versuchung, der Versucher *stürzt* uns in die Versuchung. Gott der Vater nimmt uns an der Hand und führt uns hinein, hindurch und wieder hinaus, wenn wir dabei bleiben, fest an seiner Hand auszuhalten. Der Versucher stößt uns hinein und verlässt uns dann. Und das ist die Versuchung, in der auch in unserem Sturz unter uns die Hand Gottes bleibt, die uns fangen will, wenn wir es ihr erlauben. Und deshalb hat Christus, der wahre Mensch und wahre Gott, Sohn Gottes, eines Wesens mit dem Vater, völlig recht wenn er uns zu beten lehrt:

Vater unser im Himmel!

Geheiligt werde Dein Name!

Dein Reich komme!

Dein Wille geschehe

wie im Himmel, so auf Erden.

Unser tägliches Brot gib uns heute.

Und vergib uns unsere Schuld,

wie auch wir vergeben unseren Schuldigern.

Und führe uns nicht in Versuchung,

sondern erlöse uns von dem Bösen.

Denn Dein ist das Reich

und die Kraft

und die Herrlichkeit

in Ewigkeit.

Amen

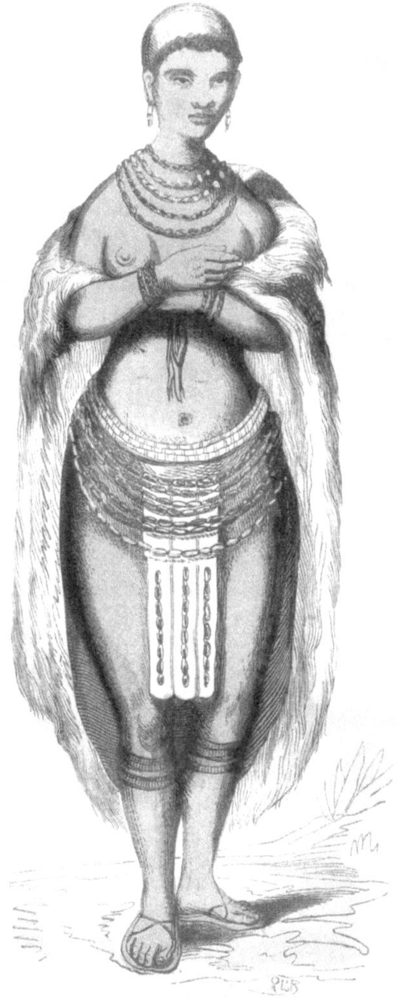

HOTTENTOTTIN

Keine Neger*innen mit mir

Stellen Sie sich einmal mit geschlossenen Augen etwas vor, eine Szene: Eine Frau läuft durch einen Park, vor ihr tritt ein Mann mit langem Mantel und sonst nichts aus dem Gebüsch und öffnet den Mantel. Szene 1: Die Frau rennt schreiend weg und ruft nach der Polizei. Szene 2: Sie bleibt stehen, kneift die Augen zusammen, betrachtet den unteren Teil des Körpers des Mannes und versichert ihm, wenn er noch viel Milch trinke, werde der Kleine da unten vielleicht noch wachsen. Und nun überlegen Sie bitte selbst: An welchem nächsten Abend nach welcher Szene wird *dieser* Exhibitionist in *diesem* Park nicht mehr auftauchen? Nach Szene 1 oder nach Szene 2? Ich denke, Szene 2 erspart uns einen weiteren Park mit ständigen Polizeipatrouillen. Szene 1 wäre für den Mann ja eine einzige siegreiche Bestätigung gewesen.

Und das wäre der schlimme Punkt: Man hätte dem Exhibitionisten Macht zugestanden. Deutungshoheit. Er weiß, dass was er tut verboten und sozial geächtet ist, aber er hat Macht, wenn man nur versucht, ihn davon abzuhalten. Er weiß, dass es negative Konsequenzen haben kann und wird, aber er tut es trotzdem, denn er hat ein Gefühl von Macht erhalten, von dem er zehren wird, selbst im Gefängnis. Die Frau, die weggerannt ist, hat ihm diese Macht gegeben, sie ihm quasi offiziell verliehen; denn sie selbst war zu schwach, um sich ihm entgegenzustellen. Er war der Starke, der Siegreiche. Sie war die Verliererin. Und keine Polizei und kein Urteil gegen den Mann wird diese Niederlage ungeschehen machen. Im Gegenteil, vor Gericht wird alle Welt hören, dass sie wegrennen musste, dass er den Park für sich gewonnen hat. Das Gericht wird ihn *mit dem Urteil* zum Sieger über die

Frau ernennen, selbst wenn die Frau sich sicherer fühlt, solange der Mann im Gefängnis ist. Er wird wieder herauskommen und wohl wieder im Park stehen. Denn hier hat er ja bereits einmal gesiegt. Allen Regeln und Gesetzen zum Trotz.

Man kann Menschen, die sich, warum auch immer, anderen Menschen gegenüber erhaben fühlen und nach Macht gieren, die ihnen nicht zusteht, da sie nicht demokratisch legitimiert wurde, keine Macht zukommen lassen, selbst einer Greta Thunberg nicht. Und niemand, der oder die Sprache diktieren will, darf damit durchkommen. Das steht auch diesen Menschen nicht zu. Schon gar nicht, wenn dieselben Personen permanent darauf hinweisen, dass „Sprache sich verändert". Stimmt: Sprache verändert sich, aber genau das wollen diese Weltver- „besserer"*innen (und *außen) ja nicht: Sprache soll *sich* nicht verändern, sie soll von oben herab verändert *werden*. Das wäre also keine Veränderung der Sprache aus sich selbst heraus, die offensichtlich ist, wenn ich mir die Lieder meines 21fachen Urgroßvaters Friedrichs von Hausen ansehe, sondern das wäre Zwang, Diktatur, Diktat. Und damit im Namen echter Freiheit des Denkens zu bekämpfen.

Wer glaubt, er oder sie könne Sprache diktieren und z.B. überzeugte Nazis dadurch von der Verwendung des Wortes „Neger" abhalten, dass man ihnen den Gebrauch verbietet, der lebt in einer aus Beton gegossene Blase von Menschen, die sich auch zu handmade-Guacamole-Partys treffen und ihren Kindern esoterische Doppelnamen geben oder X Æ A-XII für einen menschlichen Vornamen halten, wobei Æ in einer privaten Elbensprache „Künstliche Intelligenz" bedeutet. Wer jeden, der das für nicht ganz normal hält, für rückständig und überholt ansieht, der glaubt auch, man könne, oder besser solle, der dummen unmodernen Mehrheit ganz überzeugt undemokratisch Sprache diktieren. Ich danke Gott dafür, dass ich nicht so denke. Ich bin sehr gerne rückständig und überholt. Ich bin für echte Sprachveränderung aus sich heraus, und ich bin überzeugter Demokrat und erklärter Gegner einer jeden Art von Oligarchie. Es gibt nach meiner Überzeugung absolut niemanden, der alleine besser zur Herrschaft geeignet ist, als die Gesamtheit aller gleichberechtigten Menschen.

Wer so wie die Guacamole-Party-Teilnehmer*innen (und *außen) denken kann, der/die/* lebt nicht nur in einer anderen Welt als ich und Milliarden anderer Menschen, sondern auch in einer anderen Welt als der gewöhnliche Feld-, Wald- und Wiesennazi. Nein, nicht in einer anderen Welt: In einem anderen Universum. Mit keinerlei Berührungspunkten zum Universum der echten Nazis. Der ist genauso abgeschieden von der realen Welt wie Nazis; das Denken in Zusammenhängen ist diesen Menschen fremd wie echten Nazis auch. Denn ihn oder sie interessiert es ja in der Regel auch nicht, dass für Batterien für E-Autos, für das immer neueste Smartphone oder die aktuellste Smartwatch immer mehr Teile der Erde nach Rohstoffen durchwühlt werden, die größtenteils unrecyclebar verschwendet werden; oder dass für ihr hippes veganes Avocado-Fett und ihr Litium aus der Atacama-Wüste in Peru und Chile Bauern das Wasser abgegraben bekommen und oft genug Selbstmord begehen. Ja: Selbstmord, die gewaltsame Tötung eines Menschen vor der Zeit durch eigene Hand. Nicht „Suizid“, nein, Selbstmord. Eine Todsünde. Ich pflege auf Deutsch zu benennen, nicht politisch korrekt zu schwafeln. Und ich nehme mir das Recht zu sagen, was ich meine. Und zwar so, dass ich allgemein verstanden werde. Bin ich in einem englischsprachigen Land, spreche ich Englisch, angeblich sogar recht gut; in einem deutschsprachigen Land spreche ich Deutsch. So einfach ist das. Und so unnationalistisch.

When in Rome, do as the Romans do. Si fueris Romae, Romano vivito more; si fueris alibi, vivito sicut ibi[4]. N'est-ce pas? Ich bin Lehrer im realen Leben. Ein Leben in einer angeblich gebildeten urbanen Blase kann und will ich mir nicht leisten, dazu ist die reale Welt viel zu spannend und trotz allem so viel reizvoller und... ja, auch... besser.

Und sie bietet so viel mehr geistige Herausforderung, als ein Leben im immer gleichen sanft köchelnden Einheitsbrei der angeblich elitären Weltenlehrer*innen (und *außen). Soll ich einem breitbeinig dasitzenden echten, in der Wolle gefärbten und überzeugten Nazi, der mit großer Bestimmtheit jeden schwarzen Schüler als „Neger“ bezeichnet, etwa androhen, dass ich gleich weine, wenn er nicht sofort „N-Wort“ sagt, wohlwissend, dass er weiterhin „Neger“ meinen und denken wird? Ihm eine Sechs geben, ihn also vermutlich vor seinen Eltern und Freunden auszeichnen, da er in ihren Augen Widerstand geleistet hat, ohne Rücksicht oder Angst vor den Konsequenzen? Allen Ernstes glauben, Rechte bekämen keine Arbeit, nur weil sie von einer liberalen Schule geflogen sind? Es gibt in der realen Welt außerhalb der Betonblasen mit Guacamole auf selbstgebackenen veganen Natursauerteigbroten und Fair-Kaffee oder Mate-Tee auch überaus stabile rechte Netzwerke, so wie festbetonierte linke, ökologisch-fundamentalistische und islamistische. Niemand muss verhungern, weil er schwarze Menschen offen verachtet, ungläubige Schweinefleischfresser töten will, alle Autofahrer hasst oder wirr von der angeblichen Gleichheit Aller durch Enteignung aller Menschen träumt. Für alle gibt es irgendwo auch einen ebenso wirren Arbeitgeber, der bewusst nur Menschen seiner eigenen Weltsicht einstellt.

Ich selbst werde niemals einen schwarzen Menschen als „Neger“ bezeichnen, denn ich sehe Schwarze nicht als das an,

---

[4] Mittelalterliches Latein nach einem Ausspruch, der dem Hl. Ambrosius, überliefert vom Hl. Augustinus, zugeschrieben wird.

was das Wort „Neger“ meint; aber ich werde es verwenden, wenn ich mit jemandem rede, der „Neger“ sagt, weil er explizit meint, was das Wort „Neger“ meint. Denn ich werde mich nicht von der Rassistin oder dem Rassisten als derjenige hinstellen lassen, der schwächer ist, weil er sich an Menschlichkeit und Menschenrechte hält. Ich werde sie oder ihn fragen, was das Wort „Neger“ bedeuten soll, und ich werde nicht derjenige sein, der sich hinter Unsinn wie „N-Wort“ verstecken muss. Ich werde mir kein Wort verbieten lassen, weder von rechts noch von links. Denn ein Wort alleine richtet keinen Schaden an. Das ist magisches Denken. Denken und daraus Handeln richtet Schäden an. Und zwar egal, ob es falscher rechter oder linker Gedanke ist. Zwar erfordert jede neureligiöse Sekte ihre eigene Sprache, um sich von der andersgläubigen Umgebung abzugrenzen, aber sie hat kein Recht, diese Sprache, dieses Neusprech[5], als allgemein gültig zu erklären. Das heißt: Erklären darf die Sekte das schon, aber niemand, schon gar nicht der Staat, darf dazu verpflichtet werden, dieser Privatmeinung zu folgen und das Neusprech zu übernehmen.

Jede*r Rassist*in und *aus, di*er aus Rücksicht auf die Umgebung nicht mehr „Neger“ sagt, es aber angesichts jedes schwarzen Menschen denkt, wird auch weiter „Neger“ denken, wenn man das Wort selbst auszusprechen erfolgreich verbietet. Aber nichts wird sich dadurch ändern. Denn der *Gedanke* ist das gefährliche, nicht ein *Wort*. Und wenn man alle Wörter verbieten würde, die schwarze Menschen beleidigen sollen, und würde nur von der ganzen deutschen Sprache nur das Wort „Kaffeelöffel“ übriglassen, dann würden Rassisten mit „Kaffeelöffel“ Schwarze beleidigen, denn sie würden beleidigen wollen. Sie wären dieselben Rassisten. Mit allen Wörtern.

---

[5] s. Georg Orwell: 1984

Ich dürfte ja nicht die „I-have-a-dream"-Rede von Dr. Martin Luther King zitieren, denn er sagte darin oft „negro-slaves". Wie soll ich diese Rede mit meinen Schülern besprechen? Sollen sie immer „piep" sagen, wenn im Text „negro" steht? Und wer würde bei dem „piep" nicht sofort das Wort „Neger" denken? Das wäre ein rosa Elefant, an den man nicht denken soll und genau deshalb nicht *nicht* an ihn denken kann.

Wer allen Ernstes glaubt, Worte zu verbieten ändere Denken, der hat das Denken nicht verstanden. Und Denken soll gerecht sein. Nicht unsinnig. Wenn Forderungen laut werden, Schneewittchen solle von einer Schwarzen gespielt werden, soll dann Sarraounia auch von einer Weißen dargestellt werden? Oder kommt jetzt die Zeit, in der man alles sein darf, nur nicht weiß, um wahrgenommen zu werden? Wie soll die Unterdrückung einer Hautfarbe, diesmal der weißen, nicht rassistisch und ungerecht sein? Darf jede Kultur gelebt werden, nur nicht die christlich-europäische, die es in der Phantasie mancher Professoren ja nie gegeben hat? Das wäre Ungerechtigkeit in anderem Gewand. Das wäre Geschichtsklitterung und Gedankenverfälschung.

Mir ist schon gesagt worden, die Geschichte könne man ja nicht mehr ändern, also sei es richtig, sie so zu vermitteln, wie sie besser hätte sein sollen. Das soll wissenschaftlich, aufgeklärt, intellektuell redlich sein? Das ist Diktatur, Diktatur, Diktatur. Zwar wird heute so getan, als sei die Versklavung schwarzer Menschen ausschließlich eine abartige Veranlagung weißer Rassisten gewesen, aber schon wer den Film „Amistad" gesehen hat weiß, dass ohne schwarze Profiteure der Sklavenhandel nicht funktioniert hätte. Aber heute ist es ja in bestimmten pseudointellektuellen Zirkeln schon gefährlich, auf den Sklavenhandel in der islamischen Welt hinzuweisen, ohne den z.B. der moderne Konflikt in Darfur gar nicht zu verstehen ist. Immerhin werfen die arabischen Sudanesen den schwarzen Darfuris vor, nur deshalb äußerlich

Muslime geworden zu sein, um ihrer Versklavung durch die Araber zu entgehen. Ich weiß, ich weiß, das ist angeblich „What-aboutism", zumindest in der Sicht derjenigen, für die nur das diskutiert werden soll, was in *ihr* Weltbild passt, und zwar nur unter Verwendung *ihrer* Interpretation und *ihrer* „Fakten", damit niemand zu anderen Schlüssen komme als sie selbst. Deshalb ist selektive Wahrnehmung immer richtig, wenn es der Verbreitung der eigenen Ideologie dient. Der Andersdenkende betreibt immer „What-aboutism". Wenn das nicht „What-aboutism" ist!

Deshalb habe ich sehr bewusst in diesem Buch zwei Bilder aus Dr. Berghaus' „Die Völker des Erdballs" 2. Band 1. Auflage 1847 beigefügt, bevor der Besitz dieser Bücher oder ihre Publikation vielleicht doch verboten wird, oder wieder einmal Bücher, deren Inhalt angeblich gefährlich oder falsch ist, verbrannt werden, so wie im bisher liberalen Schweden Bibliotheken ihre alten Ausgaben von Pippi Langstrumpf aussortieren und in Müllanlagen verbrennen lassen, damit sie nicht doch wieder antiquarisch in Umlauf kommen. Immerhin steht das gefährliche Wort „Negerkönig" darin, und auch die deutsche Ausgabe wurde ja inzwischen gegen den erklärten, entschiedenen Willen der Autorin „modernisiert", sprich, dem bevormundenden Zeitgeist angepasst.

Aber wer Bücher verbrennt, der hat Unrecht, und zwar nicht erst seit 1933. Jedes Buch, das verbrannt und aus Bibliotheken entfernt wird, muss erst recht verbreitet und gelesen werden, um seinen Inhalt diskutieren zu können. Auch wenn das Buch an sich ein Verbrechen ist wie „Mein Kampf", es muss, wie in der kommentierten Ausgabe des Hitler'schen Schunds, zugänglich und damit diskutierbar sein. Ich werde niemals unterstützen, dass nicht diskutiert werden darf, was gedacht werden kann. Wie sonst soll man im Licht der Erkenntnis den Sinn vom Unsinn, das Geniale vom Verbrecherischen unterscheiden? Durch Geheimwissen einer eingeweihten Elite, wie von den Querdenker*innen (und *außen) vermutet, die lesen darf, was vor der Masse der Menschen wohlmeinend und vorsorglich beschützend weggeschlossen wird? Jedem, der sich dazu berufen fühlt, Teil dieser Elite oder gar di*er Lehrer*in (und *aus) der Menschheit zu sein, empfehle ich den Psychiater seines, ihres oder *s Vertrauens. Und bleibe dann doch lieber verstockter, unbelehrbarer Demokrat.

Deshalb die Bilder „Hottentottin“ und „Neger-Sklavin in Algier“ in diesem Buch reproduziert. Jedem, dem angesichts dieser Bilder die Galle hochkommt, weil er oder sie oder * darin unbedingt etwas anderes sehen will als historische Bilddokumente: Wohl bekomm's! Ich sage nur: Wehret den Anfängen! Diktatur bleibt Diktatur! Auch die Eure! Wer nicht diskutieren, sondern notfalls mittels eines Shitstorms Andersdenkende mundtot machen will, der verdient auch nicht, dass denkende tolerante Menschen ihn, sie oder * zur Kenntnis nehmen und beachten. Bisher funktioniert Cancel-culture in Deutschland noch nicht wirklich. Möge es so bleiben. Demokratie braucht Diskussion, nicht Totschlag„argumente“ und psychische Vernichtung. Wer sich dessen bedient, bekennt sich zur Diktatur. So einfach ist das.

Ich nenne Flüchtlinge auch nicht „Geflüchtete“, denn für mich ist „Flüchtling“ ein Status, der sich ändern kann. „Geflüchtet“ bleibt man sein Leben lang. Für wen Flüchtlinge Geflüchtete sind, der wird es wohl immer bedeutsam finden, woher diese Menschen ursprünglich kamen, warum sie so sind wie sie sind und wird sie darin einschließen und das für bunt und multikulturell empfinden. Und wird es schlimm finden, wenn diese Menschen in Deutschland wirklich ankommen, keine Flüchtlinge mehr sind, sondern Deutsche mit deutschem Pass und sich in die deutsche Kultur einfügen, Teil von ihr werden. Zwar von irgendwoher geflüchtete Deutsche, aber Deutsche. Aber was soll daran schlimm sein? Was ist schlimmer an der deutschen Kultur als an allen anderen? Natürlich bereichert es uns alle, wenn Menschen aus Afrika, Asien, Lateinamerika oder wer weiß woher zu uns kommen und sich mit einbringen, aber das macht das angestammte kulturelle Erbe Deutschlands und Europas ja nicht zu etwas Schlechterem als das Mitgebrachte! Die deutsche Kultur ändert sich ein wenig mit jedem Neuankömmling, na und? Trotzdem bleiben wir Deutschen das Volk Luthers, Nitzsches, Marx', Walthers von der Vogelweide, Kafkas, Annette v. Droste-Hülshoffs, Christa Wolfs, Hildegards von Bingen, Mechthilds von Magdeburg, Rielkes, Bachs, Mozarts, Johannes Gensfleisch genannt zum Gutenbergs, Maria Sibylla Merians, Tillman Riemenschneiders, Mendelsohn Bartholdys, Heines, Büchners und so fort und so fort. Dass die Zukunft auch andere deutsche Namen kennen wird, wurzelt in der Gegenwart und steht in der Zukunft; die Vergangenheit war nicht islamisch oder buddhistisch, nicht schwarz, nicht nicht-weiß; und trotzdem nicht schlechter als die anderer Völker, bis 1933 zumindest. Und vieles seit 1945 auch nicht.

Ich bezeichne grundsätzlich zunächst einmal alle jungen Menschen vor mir in der Klasse als meine Schüler, gerade weil mich ihre sexuelle Orientierung oder genderische Fremd- oder Selbsteinordnung nicht interessiert. Ich habe bis heute keinen guten Grund gehört, zwischen Schülerinnen und Schülern zu unterscheiden. Eine Aufzählung hat immer auch den Sinn, unterschiedliche Begriffe zu kennzeichnen. Äpfel und Birnen, Menschen und Tiere, Männer und Frauen. Was soll für mich als Lehrer der Sinn sein, zwischen Schülern und Schülerinnen (ja, im Sinne der echten Gleichberechtigung dürfen auch die Jungs vorne stehen, alles andere wäre ja sexistisch, oder?) einen Unterschied zu machen? Unterschiedliche Beachtung? Unterschiedliche Bewertung? Unterschiedliche Benotung? All das wäre doch genau das, was zurecht überwunden werden muss! Meine Schülerinnen sind so frei erzogen, dass sie selbst entscheiden, wann sie sich mitgemeint fühlen. Sie lassen sich das Recht darauf bisher von niemandem nehmen. Und sie wissen, dass ich exklusiv sie meine, wenn ich von meinen Schülerinnen rede.

Kann eine Frau jetzt doch wieder das, was sie kann, weil sie eine Frau ist? Oder weil sie sie selbst ist, also unter anderem auch eine Frau? Sind wir wieder tatsächlich so weit zurückgeschritten? Wie kann man gegen Sexismus sein und über nichts anderes nachdenken, als über Geschlechter? Und überhaupt: Was ist das eigentlich heute: ein Geschlecht?

Für mich sind schwul und lesbisch auch keine eigenen Geschlechter, für mich sind Schwule Männer und Lesben Frauen. Alles andere ist Gender, nicht Geschlecht.

Nach meiner Erfahrung im realen Leben außerhalb der meisten Blasen ergibt sich folgende einfache Regel: Wer verbietet, ist schwach und hat keine Argumente, insbesondere in den Augen der Menschen, die sich nach einem starken Anführer sehnen. Für die Stärke mit Recht gleichzusetzen ist. Verbote sind in einer echten Demokratie auf ein absolutes Minimum zu beschränken. Diktatur braucht Verbote, Demokratie und Freiheit brauchen Argumente. Und was man nicht begründen kann, hat nicht verboten zu werden.

Ich selbst bin nicht divers, ich bin in allem und in jeder Hinsicht ein Mann. Punktum. Und ich fühle mich nicht mitgemeint, wenn ich einen Stotterstern oder nur eine weibliche Form höre. Warum sollte ich auch?

Wäre es richtig, Schüler*innen zu sagen, schön mit Sprechpause und alle „Geschlechter“ vereinnahmend? Wie soll ich dann über die einzelnen Gruppen meiner Schülerschaft sprechen: Die Schüler, die Schülerinnen und die diversen Schüler*.....? Ja, was denn? Eine Sprechpause als Bezeichnung für Menschen? Für mich ist eine Pause niemals eine Aussage, außer, ich weiß nicht, was ich sagen soll oder kann und will das deutlich machen. Aber ich weigere mich, Menschen mit einer Pause zu meinen oder zu bezeichnen. Wir werden an einer neuen dritten Endung nicht vorbeikommen, wenn wir tatsächlich Freiheit wollen und Gleichberechtigung, ohne neue Bevormundung und Nichtkenntlichmachung. Eine neue, zusätzliche, um der Minderheit Gerechtigkeit zuteil werden lassen zu können, sie sicht- und hörbar zu machen. Aber keinen Ersatz für die Realität der Mehrheit, die Realität des Offensichtlichen, die Realität der Mehrheit aus Männern und Frauen. Gerechtigkeit für alle. Nicht weniger als das verlange ich von mir und meinen Schülern, Nachrichtensprechern, Journalistinnen und allen Menschen deutscher Sprache. Ich werde weiterhin Deutsch sprechen, nicht Gender oder sonstiges Neusprech.

Denn ich bestehe ja auch selbst darauf, selbst als das wahrgenommen zu werden was ich bin und als was ich auch immer wahrgenommen werde: als Mann. Sonst nichts. Es ist ja nichts Schlimmes daran, ein Mann zu sein. Oder etwa doch? Und wie sollte „Mann" als Definition für etwas Schlechtes nicht selbst tiefster Sexismus sein? Ich bin weiß. Punktum. Sonst nichts. Und das ist ja auch nichts Schlimmes. Oder? Wie sollte „weiß" als Definition für etwas Schlechtes nicht selbst rassistisch sein? Und mein 50. Geburtstag liegt hinter mir. Damit bin ich nach heutiger Definition alt. Nicht mehr die werberelevante Zielgruppe zwischen 18 und 49 Jahren. Und nichts daran ist schlecht. Oder etwa doch? Und was sollte an einer Einordnung als „alt" gleichbedeutend mit schlecht oder irrelevant nicht diskriminierend sein?

Eine Ideologie, die das verneint, kann nicht zukunftsweisend sein. Sie wäre immer ein Versuch einer kleinen Minderheit, der Mehrheit, der Mitte, ihre Meinung aufzudrücken, ohne Diskussion, ohne Begründung. Nur weil man sich selbst als Mitte definiert, egal wie weit links oder rechts man steht, ist man noch nicht die Mitte. Die Mitte findet man schnell, wenn genügend Rechte und genügend Linke einer Meinung, die beiden Seiten nicht gefällt, widersprechen und den angreifen, der sie äußert. Ich spreche aus Erfahrung. Nichts ist für mich gefährlicher als Strunzedummheit. Und zwar egal welche. Dummheit ist immer der gerade Weg ins Verderben. Auch gutmeinende Dummheit. Bevormundung und der Wunsch, jeder der nicht so denkt wie ich selbst solle Angst haben, wie Greta Thunberg mehrfach deutlich äußerte, ist der Anfang von undemokratischer Unterdrückung. Wie kann man sich selbst für so wichtig nehmen, dass man es ausschließt, andere Argumente zu hören? Wie kann man es wagen? Wie können junge Menschen verlangen, dass man nur ihre Sicht der Welt, nur primitives Tiefschwarz und Hellweiß, für die einzige legitime Weltsicht hält? Wie kann man es wagen, alle Menschen anzuschreien, die zu anderen Schlüssen kommen als man selbst? Wie können Jugendliche ohne bisherige eigene Verantwortung und ohne Leistung im Leben es wagen, andere Menschen, denen man aus, vielleicht berechtigter, Angst um die Zukunft und aus Vorsorge für das Klima den Arbeitsplatz, das kreditfinanzierte Heim, die Sicherheit der Lebensplanung nimmt, öffentlich anzugreifen und geradezu zu Feinden der Menschheit zu erklären, obwohl auch die nur Angst haben, und zwar um ihr Leben jetzt? Nur sich selbst zu kennen und nur denen zuzuhören, die die eigene Meinung teilen, ist ebenso geübte Strunzedummheit wie Faschismus, Bolschewismus, Islamismus, jeder Extremismus und alle anderen Spielarten der Demokratiefeindlichkeit, und diese Verhaltensweise ist wirklich gebildeter und kluger Menschen unwürdig.

Das in meinen Augen einzige Heilmittel gegen Strunzedummheit heißt Intelligenz, nicht Polizeistaat; Bildung, nicht Verbote. Und zwar freie Intelligenz, offene Bildung, die nach allen Seiten sieht. Für mich als gläubigen Christ steht der beste aller Ratschläge in der Heiligen Schrift Alten und Neuen

Testamentes: Prüft alles, und das Gute behaltet.[6] Also: Auf zum Wettstreit ohne Vorbehalte, ohne Scheuklappen und Dogmen! Zuerst zuhören, und erst dann, wenn überhaupt, nach dem Parteibuch fragen! Alles anhören und dann nachdenken. Dann diskutieren, nochmal nachdenken und dann abstimmen, demokratisch und ohne Vorverurteilung und Beeinflussung. Ich weiß, das wäre das Paradies und wird so nie sein, aber vielleicht würde es uns helfen tolerant zu sein, wenn wir es wagen würden, gemeinsam zu träumen und uns von unseren Träumen zu erzählen. Ohne verurteilendes Interesse für Geschlecht, Gender, Hautfarbe, Alter, Herkunft, Glauben, private Historie. Einfach träumen. Gemeinsam, in die Zukunft. Denn wer nicht wird wie ein Kind, der wird das Himmelreich nicht erlangen.[7] Nicht einmal das Himmelreich auf Erden. Ladet alle ein zu träumen! Und dann, vielleicht gemeinsam zu handeln. Und wirklich so viele wie möglich dabei einzubeziehen. Endlich wieder alle eingeladen sein lassen, nicht nur die in der eigenen Blase. Sondern die in der ganzen bunten Welt.

Wer diskutieren will, der ist mir willkommen. Wer recht haben will, ist mir egal. Denn wer schreit, hat Unrecht.

In necessariis unitas

in dubiis libertas

in omnibus caritas! [8]

---

[6] 1. Thessalonicher 5,21

[7] Nach: Markusevangelium 10,15

[8] Im Notwendigen Einigkeit, im Zweifelhaften Freiheit, in allem aber Nächstenliebe.

NEGER-SKLAVIN IN ALGIER.

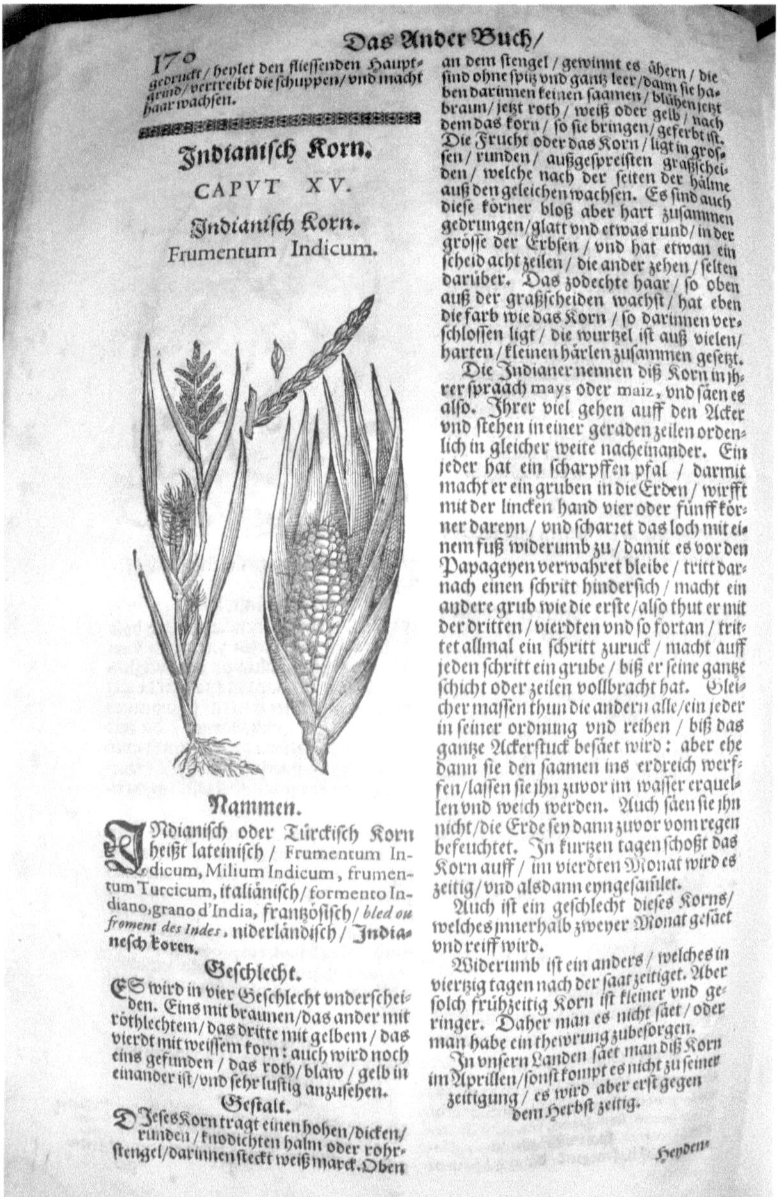

gedruckt / heylet den fliessenden Hauptgrind / vertreibt die schuppen / vnd macht haar wachsen.

Indianisch Korn.

CAPVT XV.

Indianisch Korn.
Frumentum Indicum.

Nammen.

INdianisch oder Türckisch Korn heißt lateinisch / Frumentum Indicum, Milium Indicum, frumentum Turcicum, italiänisch / formento Indiano, grano d'India, frantzösisch / *bled ou froment des Indes*, niderländisch / **Indianesch koren.**

Geschlecht.

ES wird in vier Geschlecht vnderscheiden. Eins mit braunen / das ander mit röthlechtem / das dritte mit gelbem / das vierdt mit weissem korn: auch wird noch eins gefunden / das roth / blaw / gelb in einander ist / vnd sehr lustig anzusehen.

Gestalt.

DJeses Korn tragt einen hohen / dicken / runden / knodichten halm oder rohrstengel / darinnen steckt weiß marck. Oben an dem stengel / gewinnt es ähern / die sind ohne spitz vnd gantz leer / dann sie haben darinnen keinen saamen / blühen jetzt braun / jetzt roth / weiß oder gelb / nach dem das korn / so sie bringen / geferbt ist. Die Frucht oder das Korn / ligt in grossen / runden / außgespreisten graßscheiden / welche nach der seiten der hälme auß den geleichen wachsen. Es sind auch diese körner bloß aber hart zusammen gedrungen / glatt vnd etwas rund / in der grösse der Erbsen / vnd hat etwan ein scheid acht zeilen / die ander zehen / selten darüber. Das zodechte haar / so oben auß der graßscheiden wachst / hat eben die farb wie das Korn / so darinnen verschlossen ligt / die wurtzel ist auß vielen / harten / kleinen härlen zusammen gesetzt.

Die Indianer nennen diß Korn in jhrer spraach mays oder maiz, vnd säen es also. Jhrer viel gehen auff den Acker vnd stehen in einer geraden zeilen ordenlich in gleicher weite nacheinander. Ein jeder hat ein scharpffen pfal / darmit macht er ein gruben in die Erden / wirfft mit der lincken hand vier oder fünff körner dareyn / vnd scharret das loch mit einem fuß widerumb zu / damit es vor den Papageyen verwahret bleibe / tritt darnach einen schritt hindersich / macht ein andere grub wie die erste / also thut er mit der dritten / vierdten vnd so fortan / trittet allmal ein schritt zuruck / macht auff jeden schritt ein grube / biß er seine gantze schicht oder zeilen vollbracht hat. Gleicher massen thun die andern alle / ein jeder in seiner ordnung vnd reihen / biß das gantze Ackerstuck besäet wird: aber ehe dann sie den saamen ins erdreich werffen / lassen sie jhn zuvor im wasser erquellen vnd weich werden. Auch säen sie jhn nicht / die Erde sey dann zuvor vom regen befeuchtet. In kurtzen tagen schoßt das Korn auff / im vierdten Monat wird es zeitig / vnd alsdann eyngesamlet.

Auch ist ein geschlecht dieses Korns / welches innerhalb zweyer Monat gesäet vnd reiff wird.

Widerumb ist ein anders / welches in viertzig tagen nach der saat zeitiget. Aber solch frühzeitig Korn ist kleiner vnd geringer. Daher man es nicht säet / oder man habe ein thewrung zubesorgen.

In vnsern Landen säet man diß Korn im Aprillen / sonst kompt es nicht zu seiner zeitigung / es wird aber erst gegen dem Herbst zeitig.

Heyden-

Indianisch Korn (Mais) aus dem

Kräuterbuch von Matthiolius, Basel 1678

Vom Ende der sicheren Ewigkeit

Kevin war völlig verunsichert. Er trat vor die Tür seiner Wohnung im 37. Stock des Mietshauses in Garching, in dem seine Wohnung lag, und trat an die Brüstung des umlaufenden Balkons. Das München, das er da unten sah, war nicht mehr seine Heimat. Das da war in nichts mehr seine Welt. Und das alles in nur einer Sekunde. Kevin war fassungslos. Wie konnte das nur geschehen?

Seit er jung gewesen war, da war die Welt noch eine andere gewesen, bis vor wenigen Minuten. Digital war sie gewesen, nicht mehr real, oder besser gesagt: Die neue Realität. Kevins Helden und Messiase hießen Jeff Bezos, Elon Musk, Steve Jobs. Die hatten die alte analoge Welt in eine neue, bessere verwandelt. Kevin wollte sich gar nicht vorstellen müssen, wie grausam hart das Leben in der Welt ohne Digitalisierung gewesen war. Denn die digitale Welt war das Paradies. Alles war digital, selbst das Geld; nichts war mehr privat, denn was sollte das denn? Die größte Veränderung in der Welt war die Sicht auf den Menschen, das Individuum gewesen. Wer Privatsphäre wollte, der hatte etwas zu verbergen. Echte Demokratie hieß doch allgemeine Offenheit. Und die Herrschaft der Wissenden, der Fähigen, nicht mehr des Pöbels. Eine Herrschaft der Visionäre wie Bezos, Musk, Jobs. Wer nicht reich und mächtig war, der wurde belohnt mit viel Freizeit, jeder Art von digitalem Zeitvertreib und hohem bedingungslosem Grundeinkommen, denn die Maschinen leisteten jetzt die Arbeit, für die man früher Menschen gebraucht hatte. Alles funktionierte elektrisch, selbst jede Fortbewegung, außer wenn man zu Fuß ging. Selbst die elektrischen Fahrräder waren irgendwann gesetzlich vorgegeben GPS-erfasst. Wer eine Smartwatch trug, war ohnehin gläsern, bis hin zu seinem aktuellen Blutdruck und Blutzuckerspiegel. Niemand hatte mehr etwas zuhause gelagert oder gespeichert; das Lernen bestand darin zu wissen, wo man was finden konnte, und nichts war einfacher, als einfach in den alexandriaüberwachten Raum hinein eine Frage zu stellen und darauf zu vertrauen, dass die Antwort auch stimmte. Man konnte ja nichts mehr überprüfen. Alles wurde der eigenen Stimme zugeordnet und zu einem allgegenwärtigen Profil der eigenen Person zusammengefasst. Wer über die Straße ging, konnte von jeder Smartbrille mit allen Fakten, die über die Person gesammelt worden waren, von jedem Fremden fehlerfrei identifiziert werden, inklusive Adresse, Alter, Beruf, Beziehungsstatus, sexueller Orientierung und Vermögensstand. Straftaten gab es praktisch keine mehr, denn jeder Fremde auf der Straße hätte auch davon im Moment des Sehens erfahren. Jeder Dieb, der weglief, war sofort identifizierbar. Kevin liebte diese Art zu leben. Er konnte sich nichts anderes vorstellen.

Und dann war er gekommen, dieser Tag im März, heute Morgen, als ein Sonnensturm nie gesehen starken Ausmaßes die Erde frontal getroffen hatte. Und plötzlich war alles, wie es fast niemand mehr gekannt hatte. Plötzlich waren die Hirten, die Jäger und Sammler der Dritten Welt, all diejenigen, die noch wussten, wie man in einer realen, nichtkünstlichen Welt überleben konnte, diejenigen, deren Leben noch wie gewohnt weiterging. Die Klugen der alten, der digitalen Zeit, hatten nichts mehr besessen. Alles war ja dauerhaft und ewig im Internet hinterlegt, abrufbar gespeichert und gelagert. Aus dem, was Kevin digital im Internet an Buchtexten las und an Musikdateien hörte, wurde, da alles erfasst, exakt gespeichert und penibel von der Künstlichen Intelligenz analysiert wurde, jeden Tag aufs Neue ermittelt, was Kevin heute gefallen könnte. Er musste sich nicht mehr interessieren. Konsumieren war genug. Und alles, alles war über ihn bekannt. Die KI kannte ihn besser, als er sich selbst noch kannte. Es war eine Welt ohne Geheimnisse. Was sollten da noch eigene Bücher, eigene Schallplatten, am Ende noch nicht digital gespeicherte Daten? Man hatte längst alles, was an Datenträgern wie Filmrollen, Tonbändern, Schallplatten, Büchern, Landkarten ec. vorhanden gewesen war, digitalisiert und die meisten Originale vernichtet. Jahrzehnte, wenn nicht Jahrhunderte an Kultur entsorgt im Container. Platz für Neues. Und durch jede Nutzung der Daten neue Daten über jeden, der lebte.

Angeblich hatte man den Verkehr selbstfahrend gestaltet, weil er dadurch ja sicherer wurde. Dass dadurch jede Fahrt, jede Bewegung im öffentlichen Raum für immer gespeichert blieb, das hatte man vergessen zu kommunizieren. Dass jedes selbstfahrende E-Auto mit eingebauter Alexandria selbst die Gespräche speicherte, die Routen, die Namen der Mitfahrenden, die Orte, wo man gewesen war und wie lange, das war den Menschen längst egal geworden. Es war ja so bequem. Und die Welt war jetzt ja so sicher. So sicher und bequem, wie das Leben für die Mitläufer in jeder Diktatur sicher und bequem ist.

Man hatte minimalistisch die Welt verändert. Tinyhouses waren schnell überfüllt, und selbst Lieder besangen die neue Lust am „Reisen mit leichtem Gepäck“. Ja nichts, das einen Menschen noch mit seiner Vergangenheit verband; ja nichts, was man als ideologischen oder sonstigen Ballast definieren konnte, weiter mit sich „herumschleppen“. Was man ein Jahr nicht benutzt hatte, warf man weg. Und wie benutzt man die Liebesbriefe der Großmutter? Wie benutzt man Erinnerungsstücke, die seit Generationen weitervererbt worden waren? Wie benutzt man die eigene Geschichte? Man wollte nur noch Zukunft, ohne Vergangenheit. Die Alltagskultur der Menschen war wie eine Hydrokultur: Es wuchs etwas, aber es wurzelte in nichts Lebendigem. Und wenn man nicht mehr mit immer neuem künstlichem Dünger die Pflanze „Kultur“ am Leben erhielt, starb sie ab. Sie war ja aller Erde, allen festen lebendigen Bodens beraubt. Hydrokulturkultur.

Die ans Internet angeschlossene Küchenmaschine kochte das, was der Kühlschrank über das Internet bestellt hatte. Das Haus wurde gesichert über digitale Funkschlüssel, das Smartphone regelte und speicherte das Leben. Es gab keine echten Treppenhäuser mehr; wie auch in Wohnhäusern mit 90 Stockwerken? Man hätte Stunden bis auf die Straße gebraucht, und noch länger zurück. Und jetzt? Seit etwa einer Viertelstunde funktionierte nichts mehr von alledem.

Die Zeit des ersten Schreckens war vorbei. Alle Flugzeuge, die in diesem Moment in der Luft gewesen und nicht abgeschirmt gewesen waren, waren bereits abgestürzt. Alle E-Autos waren zum Stehen gekommen, alle Züge ebenso. Mancher alter Diesel lief noch problemlos; wer einen alten Traktor hatte, war reicher als der Herr über eine Flotte E-Autos. Eine unheimliche Stille breitete sich aus, die Stille des Horrors vor dem Sturm, der kommen musste. Ein Funknetz für Internet war Vergangenheit und Kevin hatte für jeden Weg nach unten 37 Stockwerke über eine Stahlfeuertreppe an der Fassade vor sich, und wieder hinauf. Aber wozu sollte er hinuntergehen? Einkaufen? Läden gab es keine mehr, alles kam nach Bestellung, zum Wohle Jeff Bezos, frei Haus. Freunde treffen? Dafür waren die Chaträume des Internets da. Die meisten seiner Freunde lebten nicht einmal in Deutschland, man traf sich ja trotzdem jeden Tag; zeitlich exakt so abgestimmt, dass es für niemanden unmittelbar mitten in der Nacht war, wenn der Videochat begann. Bars? Theater? Kino? Alles veraltet, bis eben. Bis vor einer Viertelstunde. Nicht einmal Musik war mehr zu hören. Wer hatte denn noch Schallplatten oder so etwas? Und selbst wenn, es gab ja keinen Strom mehr. Alle Elektrogeräte, die im Moment des Sonnensturms aktiv gewesen waren, waren jetzt kaputt. Stillgelegt für alle Zeiten.

Die Umspannwerke waren verschmort, die Überlandkabel bloße sinnlose Linien in der Luft. Vielleicht gab es noch geheime militärische Bunker mit Stromversorgung aus dieselgetriebenen Aggregaten, aber alle anderen Menschen waren zurück in der Steinzeit. Zumindest im 19. Jahrhundert, also in der Steinzeit nach Kevins Wahrnehmung.

Und auch in ihrem tiefsten geistigen Innern hatte sich die Welt verändert. Ohne digitale Überwachung, die das Leben so angenehm und die geistige Faulheit so erstrebenswert machte, könnten Begriffe wie Freiheit, Menschenrechte, Bürgerrechte, Recht auf Nichtüberwachtwerden, Recht auf anonyme Bewegung im öffentlichen Raum, Recht auf anonymen Erwerb von Waren, Recht auf unregistriertes Lesen, Recht auf unregistriertes Musikhören, Recht auf freies unmitgehörtes Sprechen, Recht auf ein eigenständig verantwortetes Leben wieder wichtig werden, sich unkontrolliert Bahn brechen. Kevin hatte Angst davor. Eine unkontrollierte Welt der Freiheit, der Selbstbestimmtheit und der eigenen Verantwortung hatte er nie kennengelernt. Er sah zurück in seine Wohnung. Zum ersten Mal in seinem Leben hörte garantiert keine Alexandria mit, was dort geschah. Wenn jetzt jemand käme, dann würde niemand etwas wissen, etwas davon mitbekommen. Das war doch der blanke Wahnsinn! Kevin hatte sich noch nie so alleine und unsicher gefühlt wie in diesem Moment. Was sollte werden?

Er wusste es nicht. Noch nie zuvor hatte er sich so unsicher gefühlt. Wie würde es weitergehen? Würde es weitergehen?

Da plötzlich klang etwas Tröstliches an sein Ohr. Musik. Aus einer der Nachbarwohnungen klang doch tatsächlich Musik. Sie klang kratzig und blechern, und trotzdem war sie im Moment so unfassbar schön. Zaghaft ging er zu der Tür, von hinter der die Töne zu ihm drangen. Er klopfte. Und nach einer kurzen Zeit wurde ihm geöffnet.

Er hatte die Nachbarin noch nie kennengelernt. Eine ältere freundliche Dame stand da vor ihm, und nach einer kurzen Vorstellung lud sie den jungen Nachbarn, den sie durchaus bereits des Öfteren gesehen hatte, zu sich in die Wohnung ein, in der gerade eine Vier-Minuten-Wachswalze auf einem uralten Phonographen ablief. Sie bat Kevin, sich zu setzen und servierte einfach Tee, denn der war da und dampfte in einer Kanne auf einem Stövchen vor sich hin. Das Porzellan war alt und zeigte Blumen, die handgemalt waren. Die ganze Wohnung war voll mit altem Zeug, das vor dem Müll gerettet worden war und beim Tod der alten Dame sicherlich auch im Container entsorgt werden würde. Voll mit Büchern, einem Grammophon, Wachswalzen, Schelllackplatten, Photographien auf Papier, Silber- und Eisenplatten und Glas, alten Kleidungsstücken, Tischdecken, Bestecken aus Silber, ganzen Porzellanservicen. Ein unfassbarer Schatz. Nein, eine Minimalistin war Frau Kohl, so hieß die alte Dame nämlich, sicherlich nie gewesen. Sie hatte sich immer mit Kultur umgeben. Sie gehörte zu den Menschen, die ohne Kultur nicht leben können. Und für Kevin war dieser wunderbare Ort nach wenigen Wochen Trost genug, um wieder Mut zu fassen, da er hier erleben konnte, dass der menschliche Geist und die menschliche Zivilisation und Kultur durchaus keine Digitalisierung benötigen, um am Leben zu bleiben. Hier war Erdkultur, nicht Hydrokulturkultur.

Digitalisierung mochte *eine* Art von Kultur; *eine* Art, die Welt zu gestalten; *eine* mögliche Denkrichtung gewesen sein; aber es war bestimmt nicht die beste und hoffentlich nicht die letzte der gesamten Menschheitsgeschichte. Dafür hinterließ sie im Moment ihres Verschwindens viel zu wenig. Frau Kohl hatte Bilder ihrer geliebten Familie, die nicht mit einem kaputten Handy oder einer defekten Festplatte für immer verloren waren; und was in den Clouds gespeichert gewesen war, war ja jetzt auch verloren, für alle Menschen und für alle Zeiten. Anders als die handgeschriebenen Briefe, die alten

Folianten und die Töne auf den Wachswalzen der Zauberin Kohl. In ihrer Wohnung war genug an fruchtbarem kulturellem Grund, dass daraus wieder neue Kultur entstehen konnte; genug Erinnerung, um neue Pläne; genug Vergangenheit, um neue Zukunft daraus erwachsen zu lassen. Und Kevin wurde ein guter Gärtner, als Erbe des Schatzes der Frau Kohl. Ein Erdkulturgärtner.

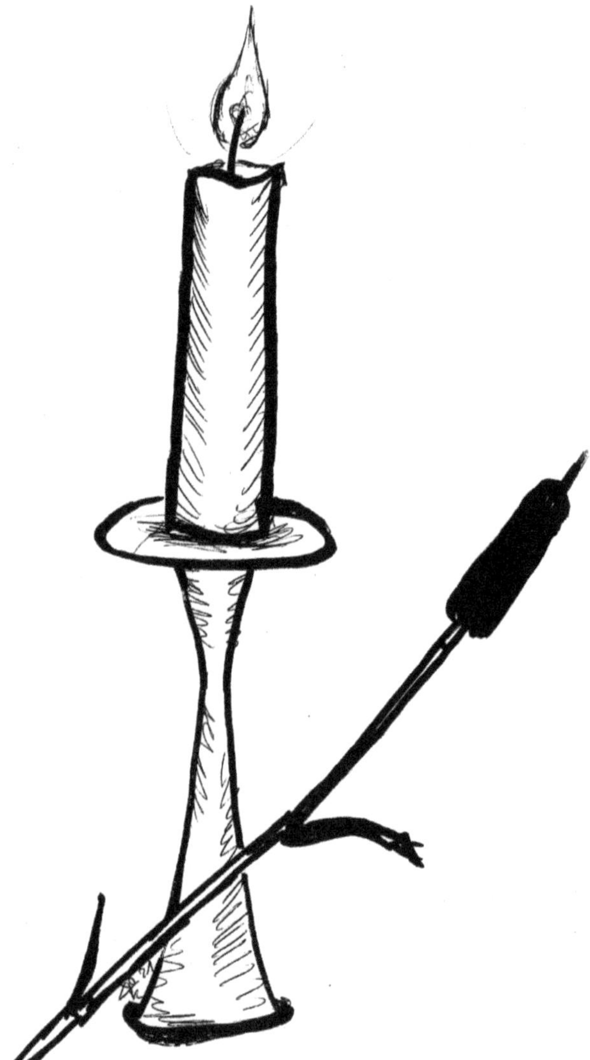

Gebrochen, zerbrochen, geheilt

Jens starrte auf den Brief, der da einfach so im Briefkasten gelegen hatte. Zwischen Werbung vom Supermarkt, Werbung vom Baumarkt und Werbung für einen Kredit hatte er gelegen; nichts in ihm hatte getickt, und trotzdem hatte er wie eine Bombe im Moment, in dem er geöffnet wurde, eine Welt in Trümmer gelegt.

Eigentlich war es ein herrlicher Tag. In den letzten Jahren waren die Sommer ja immer heißer und trockener geworden, und Jens gehörte zu den vielen, für die das eine durchaus annehmbare Folge des Klimawandels war. Jens genoss die Hitze in vollen Zügen. Seine Wohnung in Stockholm hatte viele Vorzüge. Sie lag zentral, war noch bezahlbar, sein Wohnzimmer hatte Blick auf einen kleinen Park und das Haus hatte eine Tiefgarage, zu der der Aufzug führte. Und an solchen Sommertagen bot sich ihm der Luxus, sich auf seinem Balkon im obersten Stock nackt auf die Isomatte zu legen und die Sonne in vollen Zügen zu genießen. Und das mitten in der Stadt. Das Leben konnte so herrlich sein. Und der leidige Klimawandel hatte so echte Vorzüge.

Jens hätte es nichts ausgemacht, wenn sein Balkon nicht im obersten Stock gelegen hätte. Er war für seine 37 Jahre extrem gut trainiert und zeigte seinen perfekt definierten Körper auch gerne in der Öffentlichkeit , aber es war doch auch wunderbar, sich das Vergnügen ganz privat zu gönnen, ohne beobachtet zu werden.

Wenn es ihm doch zu heiß wurde, ging er einfach schnell hinein und genoss das großzügig geschnittene Wohnzimmer, in dem eigenlich nicht viel mehr stand als seine Kraftstation und ein Tisch. Den Fernseher hatte er eigentlich schon längst wegräumen wollen, hatte ihn aber doch stehen lassen, da er im Mietpreis für die Wohnung auch eine Pauschale hatte, mit der er seit letztem Monat auch alles aus dem Netz auf den Riesenbildschirm bringen konnte, Netflix, Sky, was immer er wollte. Zeitlich festgelegtes Fernsehen nutzte er seit Jahren nicht mehr, das passte nicht zu ihm. Er war in der IT-Branche aktiv, nutzte nur Co-working-spaces statt eines eigenen Büros, war mit seinem Fahrrad permanent auf dem Weg zu seinen Kunden oder zur Bahn, wenn es weiter weg ging. Sein Essen war vegan, seine Kleidung aus den modernsten Fasern gefertigt, sein ökologischer Fußabdruck so klein wie irgendwie vertretbar. Er war mit sich und der Welt im Reinen. Sein Leben war herrlich. Alles, was ihn irgendwie in feste Formen zwingen wollte, hasste und vermied er. Das brauchte er nicht mehr, er war vollkommen der Herr seines modernen Lebens.

Bis heute. Gewesen. Bis zu diesem Moment. Bis zu diesem Brief. Jens zitterte. Erstarrt saß er da, leer von einer Sekunde auf die andere; ein Außenstehender hätte gemeint, er lese den Brief; aber wer genau hinsah, der hätte bemerken können, dass sich die Augen nicht bewegten. Starr blickten sie durch den Brief hindurch, in eine Ferne, in der er mit sich alleine war. Der Brief schien Jens aus einer anderen Wirklichkeit zu kommen.

Vor zwei Wochen war er zum Arzt gegangen, um sich einen merkwürdigen Husten abklären zu lassen, der jetzt, mitten im Sommer, nicht verschwinden wollte. Kein Salbei, kein Yoga, kein Nichts hatte ihn dämpfen wollen. Nachts hatte er viel geschwitzt, aber es war ja auch Sommer und die Nächte tropisch für schwedische Verhältnisse. Aber der Husten musste doch weggehen. Immerhin rauchte er nicht, trieb Sport, ernährte sich nach seiner Weltsicht gesund und tat alles, was man tun sollte, um sich gesund zu erhalten. Und er war davon überzeugt, dass man doch vom Universum zurück bekommt, was man der Welt gibt. Er fügte keinen Schaden zu, und deshalb verdiente er es doch, dass auch ihm kein Schaden widerfuhr. So hatte er gedacht. Bis zu diesem Brief. Diesem Moment.

Er solle doch bitte baldmöglichst für weitergehende Untersuchungen in die Klinik kommen. ....müsse weiter abgeklärt... ...Nachfolgeuntersuchung... ...dringlich... ...Metastasen... ...schnellstmöglicher Beginn der Therapie...

Nichts.

Absolut nichts.

Sein Kopf war leer. So leer wie nie zuvor. Kein Schock, kein Bedrohungsgefühl, nichts. Ein Kopfgefühl wie bleierne Schwere, Wolle, Watte, Nebel, irgend so etwas, aber sonst?

Nichts.

Irgend etwas in ihm war anders als alles, was er bisher gekannt hatte. Sein Leben hatte einen Knick bekommen, war wie ein angebrochenes Stück Holz. Wie eine Säule, die einen Riss bekommen hatte und von der man nicht mehr wissen konnte, ob sie noch tragfähig war. Nichts war mehr so wie vor zehn Minuten. Die Welt war eine andere geworden. Es war nicht mehr seine Welt. Und doch war es seine. Nur seine. Die Welt, in der nur er lebte. Er war krank. Krebs. Das war seine neue Welt.

Nach fast einer Stunde kam er wieder zu sich. Noch immer wie benommen stand er auf. Seine Schritte waren nicht wie die des Sportlers, der er war; er hatte nachher noch einen Termin mit einem Kunden, den musste er absagen. Jens griff zum Telefon und wählte die Nummer. Er müsse absagen und könne nicht genau sagen, wann... Das sei schade, kam vom anderen Ende der Leitung, aber man sei angewiesen auf eine schnelle und zuverlässige Erledigung der anstehenden Aufgaben. Leider komme er nicht mehr als Vertragspartner in Frage, da er sich als dermaßen unzuverlässig... ...bitte

Endabrechnung für die bisherigen Arbeiten... ...danke für die bisherige Zusammenarbeit... ....alles Gute... . So fing es an. Und nur zwei Monate später war alles vorbei.

Jens war nur noch in Kliniken und hatte keine Kunden mehr. Alle waren abgesprungen. Es tue ihnen leid, aber die Termine... ...Verpflichtungen ihrerseits... ...Lieferketten... ....Abhängigkeiten... Sein Leben wie er es bisher gekannt hatte war ein Scherbenhaufen. Ohne jede Schuld, ohne irgendeine Chance, auch nur eine der Katastrophen aufzuhalten, zu verlangsamen, zu verkleinern.

Nichts.

Absolut nichts.

Ein Abgrund ohne Boden.

Und immer die Sprüche der Ärzte, er werde das schon schaffen, er sei ein Kämpfer, am Ende werde alles besser, er müsse nur durchhalten. Jetzt sei es schwer, aber danach... Er werde schon sehen. Licht am Ende des Tunnels. Was für ein Schwachsinn. Er wusste, dass das der blanke Unsinn war. Da war kein Licht, kein Tunnel, da war nichts. Sinnlosigkeit. Wofür das alles? Was würde werden? Er hatte keine Wohnung mehr, sein Kontostand schmolz dahin wie Schnee am Hochofen. Die 1800 Kronen private Zuzahlung zu den Verschreibungen waren längst erreicht. Und jeder Arztbesuch kostete wieder. Licht am Ende des Tunnels? Jens sagte ja und amen zu allem, was man ihm zumutete und konnte doch nicht so viel fressen wie er kotzen wollte. Da war kein Tunnel mit Licht am Ende. Da war gar kein Ende.

Bis auf eines. Aber selbst dafür war er zu schwach und zu krank. Sein Körper tat weh auf eine Weise, die Jens sich nicht hatte vorstellen können. Er hoffte nur noch, dass der Krebs ihn töten werde. Und dass es schnell gehen werde. Die Dunkelheit des Todes war alles, was er erhoffte und erwartete. Die Schmerzlosigkeit des totalen Endes. Mehr war ihm nicht mehr geblieben. Alles war zerbrochen, lag in Scherben und war verweht, als hätte das Schicksal die Trümmer seines Lebens noch zusätzlich zu Sand zermahlen und der Wind den Sand in alle Richtungen zerstreut. Er wollte nicht mehr gesund werden. Für was? Er hatte keinen Grund mehr, noch am Leben zu bleiben.

In Jens' Zimmer lag ein alter Mann, Olaf, der ebenfalls schwer an Krebs erkrankt war und im Sterben lag. Olaf hatte eine Tochter und eine Enkelin, die ihn jeden Tag besuchten. Jens war in der Regel genervt davon. Ihm ging es immer schlechter, und dann jeden Tag das nervtötende kleine quakende Kind; Lotta, wie die bei Astrid Lindgren, die aus der Krachmacherstraße. Das fand Jens mehr als passend. Lotta aus der Krachmacherstraße. Lotta die Krachmachende im Krankenhaus. Ihre Mutter Sigrun sah immer ängstlich zu ihm hinüber, wenn Lotta wirklich ein bisschen sehr laut vergaß, wo sie war; aber was Jens nervte, ließ Olaf aufblühen. Und irgendwie schaffte Jens es irgendwann, einfach die Augen zuzumachen und es über sich ergehen zu lassen. Und eines Sonntags, als Sigrun nicht kommen konnte, erwischte Jens sich dabei, dass er Lotta vermisste. Lotta die Krachmachende, die neuerdings auch immer zu ihm hin stürmte, wenn sie hereinkam und ihn sanft an der Hand berührte um zu sehen, ob er wach wäre, und die ihm letztes Mal sogar einen Kuss auf die Wange gegeben hatte als sie ging; diese Lotta war für ihn zu einem Licht geworden. Nicht zu einem Licht am Ende eines Tunnels, nein; zu einem Licht in der Nacht. Er wusste, er würde sterben. Bald. Und er wusste, Lotta würde ihn vermissen. Nicht für lange, sie war ja erst fünf Jahre alt; aber eine Zeitlang würde er eine Spur hinterlassen in der Seele eines Kindes. Einer Seele, die seine Seele berührt hatte. Das war schön. Das machte sein Leben heller, wie eine kleine Kerze eine riesige Dunkelheit durchbricht. Er würde sterben. Und es wäre weniger schlimm. Jens freute sich darauf, Lotta wiederzusehen. In dieser Nacht starb er. Und Lotta vermisste ihn. Nicht nur für eine kurze Zeit, nein; Lotta würde ihn nie vergessen. Vielleicht die dauerhafteste Spur, die Jens hinterlassen hatte. Ein glimmender Docht, den niemand auslöschen konnte.

Theaterstücke von Christoph Kaiser:

Die Herren von Schloss Katzenbach:
Ein Geisterstück, basierend auf Geister? Geister! Geister???
ISBN 9789463864213

Dreimal ein Phönix; Über den dritten Stadtbrand Biedenkopfs 1717 ISBN 9789463860246
mit den Bildern der Aufführung ISBN 9789463866422

Geister? Geister! Geister??? Ein Geisterstück über einen Schlosskauf ISBN 9789463860307

Die drei Schwerter; Eine Zeitreise in neun Szenen
ISBN 9789463860529

Einakter und Szenen aus Hessen; Kurze Theaterstücke meist aus dem hessischen Hinterland ISBN 9789463861892

Stille, in die Regen fällt; eine kurze Szene über das eigene Paradies. ISBN 9789463862745

Selavinia oder Zwei Orte, eine Zeit; ein Theaterstück über Gerechtigkeit und Unrecht, Reichtum und Armut; über die zeitgleichen Welten auf dem Planeten Erde; und über Beziehungen und verpasste Chancen. ISBN 9789403604138

1631: Ein Stück über den Prozess gegen die Biedenköpfer Hexe Henrich Sangen ISBN 9789463863018 und
ISBN 9789463987356 (mit Bildern aus dem Film)

Klamauk, Klamauk! Über das Theater, Kultur und das, was man sagen darf. Mit einem unveröffentlichten Einakter von August von Kotzebue.
ISBN 9789463980142

Weitere Bücher von Christoph Kaiser

Bauerntracht in Wandel und Beharrung; Über die Tracht im Untergericht des Breidenbacher Grundes
Diplomica-Verlag 2013 ISBN 9783958508095

Tracht als veränderliche Kleidung, beschrieben anhand der Trachten des Hessischen Hinterlandes, insbesondere der Tracht des Untergerichts des Breidenbacher Grundes. Landkreis Dabei ist nicht alles, was Marburg - Biedenkopf
Grin-Verlag 2008 ISBN 9783640188574

Dreimal ein Phönix, Erzählung: basierend auf dem Theaterstück zum dritten Stadtbrand Biedenkopfs 1717
ISBN 9789463864527

Die Herren von Schloss Katzenbach, Erzählung: basierend auf dem gleichnamigen Theaterstück.
ISBN 9789463866446

Der Umgang des öffentlich-rechtlichen Fernsehens in Deutschland mit esoterischen Inhalten. Studienarbeit
Grin-Verlag 1998 ISBN 9783640215522

Hinterländer Haiku: 30 Gedichte in je drei Zeilen.
ISBN 9789463982214

Hinterländer Winterhaiku; 32 Gedichte in je drei Zeilen über den Winter um Biedenkopf
ISBN 9789463980746

Frühlingshaiku aus dem Hinterland: 33 Haiku über die Landschaft rings um Biedenkopf, das Osterfest und das Erwachen des Lebens.
ISBN 9789463987455

Sommerliche Hinterlandhaiku
ISBN 9789403601076

Herbsthaiku aus dem hessischen Hinterland
ISBN 9789403609911

Der vierte König Bogomil: Eine Erzählung über den vierten König, der das Jesuskind suchte. ISBN 9789463982436

Bogomil the fourth king; A tale about the fourth king searching for the newborn child. According to an old Russian story.
ISBN 9789403610375

1631 Erzählung: Über den Tod der Biedenköpfer Hexe Henrich Sangen, nach der Originalakte ISBN 9789463982733

Werde ich ein Schmetterling sein? Maja und der Tod.
Wie redet man mit einem Kind über den Tod?
ISBN 9789463986076 (Taschenbuch)
ISBN 9789463984379 (gebunden)

Lass uns doch Suraten wommeln, umbimte das Taruppel: ein Sprachspiel und -spaßbuch für Kinder und Erwachsene
ISBN 9789403600864

Sammelsurium: Texte, für die sonst nirgendwo Platz war. Unmodern!
ISBN 9789403610351

Ein Zug durch Stadt und Wald: Ein Buch über den Grenzgang in Biedenkopf und seinen Mohren
ISBN 9789403611853

Alle Bücher erhältlich im Buchhandel und unter
publish.bookmundo.de/christophkaiser

Eine Nachricht von vielen

Rettungskräfte behindert

Polizeimeldung vom 02.03.2021
Reinickendorf

Nr. 0476

„Ein Radfahrer behinderte gestern Vormittag Rettungskräfte bei einem Einsatz im Märkischen Viertel. Zunächst waren ein Rettungswagen und ein Notarzt der Berliner Feuerwehr zu einem Seniorenheim im Senftenberger Ring alarmiert worden, weil dort eine hochbetagte Bewohnerin reanimationspflichtig geworden war. Nachdem die Retter die 92-Jährige wiederbeleben und stabilisieren konnten, wurde der Transport in eine Klinik vorbereitet. Als sich die beiden Fahrzeuge gegen 10.45 Uhr mit eingeschaltetem Blaulicht in Bewegung setzten und vom Gelände fahren wollten, behinderte sie ein Radfahrer, der ihnen auf der Fahrbahn zunächst keinen Platz machte. Als der Mann vor ihnen fuhr und sie deshalb kein Tempo aufnehmen konnten, betätigte der Fahrer des Rettungswagens das Martinshorn und überholte ihn. Auch die Fahrerin des Notarztfahrzeuges aktivierte nun die Sirene, doch der Radfahrer blieb in der Fahrbahnmitte, so dass sie an ihm nicht vorbeikam. Der Fahrer des Rettungswagens bremste nun wieder ab, damit das ihm folgende Einsatzfahrzeug aufschließen konnte. Dabei stieß der 50-jährige Radfahrer nun mit dem Wagen zusammen und klagte anschließend über Schmerzen, ohne diese weiter zu erläutern. Stattdessen riss er die Fahrertür auf, um den 28-jährigen Sanitäter zu bedrohen und zu beleidigen. Danach versuchte er die Hecktür zu öffnen, was die Besatzung aber verhindern konnte. Während der mehrere Minuten andauernden Attacken des Radfahrers war eine Weiterfahrt nicht möglich. Der Notarzt kümmerte sich währenddessen um die Patientin, da sich deren Gesundheitszustand zwischenzeitlich wieder verschlechtert hatte und sie erneut reanimationspflichtig geworden war. Alarmierte Polizeikräfte übernahmen den Aggressor, so dass die Fahrt ins Krankenhaus mit zeitlichem Verzug fortgesetzt werden konnte. Wie die Klinik später mitteilte, verstarb die Patientin. Ob und welchen Einfluss das Verhalten des 50-Jährigen und der dadurch längere Transport ins Krankenhaus hierauf hatten, müssen die Ermittlungen ergeben. Nachdem die Personalien des Mannes festgestellt wurden, konnte er seinen Weg fortsetzen. Er muss sich nun wegen tätlichen Angriffs und Nötigung verantworten."

Warum befürchte ich, dass der Mann sich dabei sehr wohl fühlte und sich völlig im Recht sah? Immerhin war es dieselbe Woche, in der Berlin beschloss, bis 2030 zur praktisch autofreien Stadt zu werden und Fußgängern und Fahrradfahrern überall absoluten Vorrang einzuräumen. Wie soll das eine Gesellschaft nicht auf Dauer zerreißen?

Interessant waren übrigens die Kommentare auf verschiedenen Zeitungsseiten: Ich weiß nicht, wie oft ich den kurzen Kommentar las: Berlin eben.

Ich werde tatsächlich trotzdem nicht auf ein eigenes Fahrzeug verzichten und habe noch einen Grund mehr zu den tausend anderen Gründen hinzu bekommen, niemals in eine (Groß)stadt zu ziehen, schon gar nicht nach Berlin. Ich bleibe lieber in der Zivilisation. Dort, wo man noch selbst entscheiden kann, wie man sein Leben gestaltet. Da, wo ein besseres Leben möglich ist, weit weg von Bessermenschen in Marburg oder Berlin. Wo ein Menschenleben mehr wert ist, als eine angeblich weltrettende Überzeugung. Da, wo man noch sozial leben kann. Auf dem Land.